“ストレスフリー”な営業をしよう！

お客様の満足をとことん引き出す「共感」の営業

前川あゆ
Ayu Maekawa

同文舘出版

はじめに

こんにちは。前川あゆです。

私は現在、「営業」「接客」「販売促進」の専門家として、企業や店、個人の方にセミナー、研修、コンサルティングを通じて指導、支援をしています。

少し照れくさいですが、周りからは「営業の女王」と呼ばれています。それは私が20年のトップセールスの実績を持っているからです。私の仕事の経歴は、少し変わっています。

大手化粧品メーカー　百貨店での化粧品対面販売　3年

↓

地域密着の小さな工務店　住宅リフォームの営業　11年

↓

地域情報紙制作会社　法人・店舗対象の広告企画営業　6年

このように、業界、商品、購入者はばらばらですが、どの分野でも未経験から短い期間でトップセールスになれたのです。世の中にトップセールスのキャリアを持つ人は多いけれど、私のように関連しないさまざまな業界を経験してきた営業マンは、少ないのではないでしょうか。商品の金額、形、対象者が違っても、そこには共通するルールがあります。それが本書のタイトルになっている「共感」です。

そもそも、「面倒くさがり」で「飽き性」な性格の私です。「お客様にお願いなんてしたくない」「努力するのは嫌」「傷つくのが怖い」から、営業なんて絶対やりたくなかったのに、間違って営業職になってしまいました。ですから、営業が苦手、営業に向いていない、営業が嫌い！　という営業マンの悩みやストレスが痛いほどよくわかります。

そんな私だからこそ、失敗に失敗を重ねて「ストレスフリーの営業スタイル」をつくりました。それが「共感」の営業です。お客様の満足を引き出すので「断られない営業」ですし、それに感謝されます。すると営業はとても楽しいものに変わりました。「悩める営業マンの救世主になりたい！」そんな私の「使命」を、本書を通して叶えることができるように願っています。

はじめに

プロローグ

「共感」の営業で あなたも売れる営業になる!

Part 1

「営業」に対するイメージをアップしよう

Part 2

「共感コミュニケーション」のつくり方

Part 3

話し上手よりも「ノリ」が大事

Part 4

自分を守るために「共感の根まわし」をしよう

Part 5
お互いのハッピーのために「ほんの少し自己中」のすすめ

Part 6
リピート、紹介をされる「忘れられない人」になろう

エピローグ

「共感」の営業はお客様も自分も主役

カバーデザイン
本文デザイン・ＤＴＰ　松好那名(matt's work)
カバー写真　直江竜也

プロローグ

「共感」の営業であなたも売れる営業になる！

営業に向かない私がトップセールスになった理由

私は営業が好きです。営業が得意です。

こうはっきり言えるのは、**「楽しく売れる」「お客様に感謝されて売れる」**方法を知ったからです。

化粧品の店頭販売ではその会社で日本一の売上、住宅リフォームの営業では新規一般客、いわゆるユーザー向けの営業で年間1億円を売っていました。その後、地域情報紙制作会社へ異業種転職し、初めて法人営業に就いた時も、すぐに売れるようになり、ある時は平均売上の8倍という記録をつくりました。どの分野でもトップセールスの記録を持つことから、いつしか「営業の女王」という異名がついたほどです。

でも、もともとは、営業職は絶対に向いていないと思っていました。むしろ、営業には嫌なイメージを持っていました。トップセールスマンの印象は、「押しが強い」「いつもガツガツしている」「口がうまい」「根気強い」「よくしゃべる」「調子がいい」「何度断られてもへこまない」というような、ハートの強い人、特殊な人だと思っていたので、営業だけはしたくなかったのです。

なぜなら、私はというと、「面倒くさがり」「飽き性」「短気で、思ったことがすぐ顔や口に出る」という性格です。極めつけは、「努力することは格好悪いこと」と思っていました（言い訳として、そう思っていただけなのですが）。

この性格、営業にはまるで向いていないですよね。

接客販売で売れるようになったきっかけ

私が社会人として初めて就職した会社は「コーセー化粧品」です。大阪の阪急百貨店うめだ本店に配属になり、カウンターに来られた方に接客して販売をする「美容部員」という仕事でした。

仕事に就いたばかりの頃は、会社に言われた通り、先輩に教えられた通りに販売をしてみて、それで売れなかったらそれは仕方のないことだと思っていました。

正直、売れる、売れないは「運」だと思っていたのです。

美容部員のなかには、どんなお客様にも売ってしまう特別な才能のある人もいるけれど、そんな人はほんの一部。ほとんどの人は結局、たまたまいいお客様に当たれば売上成績が上がる、当たらなければ下がる、個人の力ではどうしようもないことだと、本気で思っていました。

私も実際に、すごく売れる日もあれば、さっぱり売れない日もありました。だから私は毎朝カウンターに出る前に、「今日はいいお客様に当たりますように！」と神頼みしていました。今となっては笑い話です。

ところが、「売れるのって結局運だよね」と一緒に言い合っていた同期が、ある時期からどんどん売上を上げるようになり、ついにはトップセールスになったんです！

びっくりしましたが、それでもはじめは、「たまたまいいお客様が続いたんだ。今は運気がいい時期なのかな」なんて思っていました。しかし、売れる日が何日も何日も続いてとうとうトップセールスにまでなった彼女を見て、「えー！　なんで？　どうして？」という思いでいっぱいになりました。

でも私は、「どうやったらそんなに売れるようになるの？」と彼女に聞くことができませんでした。負けず嫌いなので、聞くのが悔しいし、それに、心のどこかで「何もしてないよ」って言われることが怖かったのです。だから私は、彼女がお客様に接客しているところをこっそり観察して探ることにしました。

すると、お客様と接している時の彼女がものすごく楽しそうなことに気がつきました。**楽しいから売れるの？　それとも、売れるから楽しいの？　どちらなのかはよくわかりませんが、とにかくニコニコして楽しそうなのです。**

それは、お客様も同じで、どちらも笑顔で、会話も弾んでいるのです。「売っているだけなのに、なんであんなに楽しくなれるんだろう？」。「売ること＝楽しい」という発想がなかった私は、ますますわからなくなりました。

そんな時に、名付けて**「電子手帳事件」**が起こりました。

当時は、携帯電話がまだ一般的ではなかった20年以上前で、私は「電子手帳」という商品を、電気屋さんの店頭で見て一目惚れ！　衝動買いしました。住所、スケジュール、日記が入力できる、1万円以上もする高価なものでした。買ったその日は楽しくて、うれしくて、興奮し、寝るのももったいなくて、朝までワクワクしながら、住所を登録したり、スケジュールを入力していました。

翌日、あまりにもうれしかったので、職場に持っていって同僚たちに見せ、自慢しまくっていました。

すると、その次の日に何人もが同じ電子手帳を買って持ってきたんです！　世間ではまだ電子手帳を持っている人が少ないというのに、私の周りの保有率はものすごいことになったんです。それに同僚たちは「いいもの教えてくれてありがとう！」とうれしそうに言ってきます。

私は、「この会社の営業マンやったら、この商品、むっちゃ売る自信あるわ」と、思わずつぶやいていました。

その時、自分で言ったそのひと言に、ハッとしたんです。「なんでだろう。いつもの私の販売とどこが違うんだろう？」と考えはじめました。

そして、気づいたのです。私は、いつも商品の特徴を一所懸命に説明していました。商品の成分、機能などについてです。でも、電子手帳は衝動買いだったので細かい機能のことはよく知りません。だから、**自分が実際に使って、ここが便利だった、ここが感動したという「体験談」を話していたのです。**

「住所がすぐに検索できるから、すごく便利。数が増えてくると探すのに時間がかかったりするから、友達が多いあなたにはいいんじゃない？」

「住所録もスケジュールも日記もどんなにデータが増えても、このコンパクトなサイズっていいよね。バッグが重たいって言ってるあなたにおすすめするわ」

私は、**自然と相手に合った提案を自分の体験談を交えて伝えていました**。すると、相手ものってきてくれます。そしてお互いに楽しくなって、会話が弾み、商品が欲しくなる。こんな販売・営業の疑似体験をしていたのです。

この「電子手帳事件」があったことで、どんどん成績が上がっていった同期の売れる理由、お客様との笑顔での会話の理由がわかった気がしました。

その直後から、私の売り方は変わりました。商品そのものの説明だけではなく、使った後にどうなるのかをお客様に合わせて伝えようと意識しました。

すると、売上が面白いように上がったのです。お客様も商品の詳細よりも、自分にとってどう効果があるのかということに興味があるのです。だから、話も盛り上がります。そして後に、これが「共感」だと気づくことになるのです。

間違って、どっぷり営業職になってしまった私

化粧品販売で売れるようになり、仕事は楽しかったけれど、もともと飽き性な私は、3年が経った頃から、「もっとクリエイティブな仕事がしたい」と考えはじめました。現場で3年経験を重ねると、後輩も増えて管理職に指名されます。しかし私は、リーダーになる自信がありませんでした。

目の前に自分が超えられそうにもない問題や課題が現われると、都合のよい理由を見つけては、いつも逃げてきました。逃げると一時的にはとてもラクになります。この時もそうやって、まだふわふわと生きていた私は転職することにしました。

次にやりたい仕事は「専門職」でした。

そんな時、憧れていた「インテリアコーディネーター募集」の求人広告を見つけ、

まったく経験も知識もないけれど、住宅業界へ転職したのです。実は当時、インテリアコーディネーターの女性が主役のテレビドラマがあり、建築現場にスーツ姿で図面を持って颯爽と現われる、という格好いいキャリアウーマンが映し出されていました。

それを見ていた私は、このドラマの主人公みたいに、手に職をつけて一生働ける仕事をしたいと夢みていたのです。設計、プランニングなど、専門的なスキルを提供して、お客様の夢をカタチにする。「まさにこれこそ私の求めていた専門職だ！」そう思っての転職でした。

ところが現実は、「インテリアコーディネーター＝営業職」だったのです！

就職したのは有名メーカーの名前が店名についている、きれいなショールームを持つ会社でした。といっても、そこは家族で経営されているフランチャイズチェーンの小さな工務店です。

化粧品販売で大手メーカーにいた私は、お客様は待っていれば勝手に集まってくるものだと思い込んでいました。

でも、実際は違っていたのです。お客様は営業である自分が探しに行くものでした。インテリアコーディネーターとして住宅リフォームをしたいお客様を探してくる、つまり営業をしなくてはいけないことを、「訪問営業に行ってきて」と言われて、初めて知りました。「攻め」の営業をしなくちゃいけないんだ……。私は勘違いの転職から、どっぷり営業職になってしまったのです。

今までの私ならすぐに逃げ出していたと思います。でも、何度もそれを繰り返しているうちに、一時的にはラクになれても、しばらく経つとまた同じようなことが巡ってくるということがわかってきていました。さらに、もう世の中のバブルが弾けていたのと、自分が25歳を超えていたこともあり、もう逃げられない状況、後がない状況だと感じたのです。その時の私は、営業という仕事をやるしかありませんでした。

買ってもらうって、こんなに大変なの!?

化粧品販売の経験から、知らない人と話すことには慣れていました。しかし、待っているところに来てくれるお客様は「買おう」と思っています。それに対して、まったく買う準備をしていない人のところに行って買ってもらう、これは相当ハードルが高いことです。
それ以外にも、化粧品と住宅リフォームを比べると、売りにくい点がたくさんありました。

【化粧品】　　安価　有形　　　　　指名買い　定期的に買う
【住宅リフォーム】　高価　売る時点では無形　競争買い　一生に数回の買い物

比較すると正反対です。一生に数回しかない何百、何千万円の高価な買い物を簡単には決めませんよね。当たり前です。しかも、小さな工務店のキャリアなし、肩書きなし、資格なしの20代の女性からはなかなか買おうとは思いません。

大きな会社ならば、営業である私に不安があっても、会社が責任をとってくれるだろうという安心感があるかもしれませんが、当時「悪徳リフォーム事件」がマスコミを賑わせていたこともあり、よく不安の声をいただきました。

住宅リフォームの業者を決める時は、相見積もりといって、数社の見積もりを比較検討して決めるのが一般的となっています。3～5社と競うのは当たり前でした。苦労して、やっとお客様の見積もりを取れる段階になっても、相見積もり相手として超大手のハウスメーカーや有名工務店と比較されるのです。

提案力では頑張れるものの、ブランド力ではかないません。ブランドが信用に直結することはよくあることです。

それに、大規模工事の物件になればなるほど、プランニングと見積もりに時間と手間がかかります。当時はワープロで見積もりをつくり、図面は手書き、提案ボードはカタログを切って貼るというすべてが手づくりの作業で、とても時間がかかりました。ですが、選ばれるのはたったの1社のみ。その1社に選ばれなければ1円にもなりません。

「化粧品はあんなに売れたのに、住宅リフォームはぜんぜん売れない……。やっぱり、私に営業は向かないなあ、根性もないし、ガツガツしてないし」。営業が決まらなければ当然、設計もインテリアコーディネートもできません。せっかく、憧れて就いた仕事なのに、全然前に進まないことに落ち込む毎日でした。

営業は、お客様に興味を持つことからはじまる

このままやっていても他社に勝てる要素が何もない。このままじゃどうしようもない。どうにかして私にもできる「営業」はないのかと、とことん考えることにしました。

そこで、「なぜ化粧品は売れたのだろう?」、まずは、そこから分析することにしたのです。

化粧品販売の仕事に就いてしばらく、私の販売は商品が主役でした。自分が売る商品に興味は持っていたので、社内研修の時も商品の特徴は一所懸命に聞いていたし、自分でその商品を使ってみて、使い心地や色味など、自分なりに確認や研究もしていました。

しかし、売れるきっかけになった「電子手帳事件」。そこでわかったことは、**商品の説明ではなく、商品を使うとどうなるか、その効果を感情と共に話すと、お客様と楽しく盛り上がって話せて、売れる**ということでした。

そこから私は、自分で使った使用感や感想を伝えて、お客様一人ひとりに合った対応をしていくことにしました。

そして、買い物の主役は商品ではなくて、それを使う人、つまりお客様だと気づき、お客様にもっと興味を持とうと決めました。

そのために、**お客様のことをよく観察するようにしました**。

ヘアメイク、ファッション、表情、しぐさなどの外見。声のトーン、話のテンポ、話の間などもよく見て聴いて、想像をふくらませて、お客様が何を思っているのか、どんなふうに感じているのかを考えるようにしたのです。

すると、それに合わせて、かける言葉も自然と変わってきました。急いでいそうな方には「お急ぎですか？　お手伝いすることはありますか？」、あまり話しかけてほしくなさそうな方には、あえて会釈のみにするなど、お客様の様子を見ながら少しずつ対応を変えてみました。そうすると、「あなたって、話しやすいわね」と頻繁に言われるようになったのです。

ある時、こんなことがありました。ご来店された50代くらいのお客様。ファッションやへアスタイルがとても個性的で、まるで20代前半の若い子みたいな格好をされていました。

百貨店なので、割ときちっとした「お出かけスタイル」の方が多いなか、妙に目立っておられましたが、私はとても格好いいと思ったので「素敵なファッションですね。格好いいです」と声をかけると、その方の表情が優しく変わりました。そして、「20代向けのメイク商品が欲しいの」とおっしゃいます。

「実は、こんなおばさんが若い子の化粧品を買うなんてすごく恥ずかしいの。ほかのお店にも行ってみたんだけど、若い店員さんばかりで、言い出せなくて……。あなたも若いけど、ほかの子とはちょっと違うわね。あなたには、正直に言えそうな気がしたのよ」とおっしゃってくださいました。その後も、その方は何度も来られて、毎回私を指名してくれるようになりました。

以前の私だったら、「何かお探しですか?」と聞いたあと、20代向けの化粧品よりも50代向けの化粧品の説明をして、おすすめしていたと思います。でも、お客様に興味を持って感情を伝えたことから、お客様が本音を言ってくれ、満足して買ってくれるということにつながっていったのです。

いっきにお客様との距離が縮まった「共感」の営業

話は戻り、化粧品販売でうまくいったエピソードを思い出して、住宅リフォームの営業でも同じようにお客様に興味を持つこと、感情をプラスすることをしようと考えはじめました。

住宅リフォームを考えるお客様はそもそも、住まいを大事にしている方、こだわりのある方が多いので、まずは、**お客様が「こだわりポイント」を持っていないかを探し、そこに興味を持つこと**にしたのです。

興味を持つ方法として、お客様との話から引き出すよりも手っ取り早く、**まずは目に見えるものがわかりやすい**と思いました。そこで、お客様の家の中で、目立っているものの、飾ってあるもの、いい場所にあるものについて聞いてみることにしたのです。

例えば、あるお客様の家で、赤いソファーが気になり、次のような会話になりました。

「この赤いソファー、素敵ですね。海外で買われたんですか？」

「そうなのよ！　わかる？　輸入家具なんだけどね、一目惚れで買ったの。いいでしょう？　このソファーを買ったから、このソファーが似合う部屋をつくりたいと、リフォームを考えはじめたのよ。あなた、インテリア好きなの？」

「はい、大好きです。しょっちゅうインテリアショップに行ってます」

「うわ〜、気が合うわ。こういうのって男性に言っても、ぜんぜんわかってもらえないのよね。説明や機能の話ばっかりで」

こうやって、いっきに仲よくなれたのです。お客様のこだわりポイントを見つけて、伝える。そして自分の感情をプラスする。そうすると、電子手帳や化粧品と同じように会話が弾みました。

「意見が合う・気が合う」→「わかってくれそう」という感覚。お客様が「そうそう！あなたってわかる人ね」と思ってくれること。こうなると、お客様との距離が縮まり、その結果、売上につながっていきました。

無形で高額商品の営業も、接客販売と共通しているということがだんだんとわかってきました。それと共に、少しずつですが、売れるようになっていったのです。

「あなたとは共感できるのよね」。何人かのお客様にそう言われて、売れる営業のポイントは「共感」にあるんだと気づきました。

販売でも営業でも、売れる時は「そうそう！　そうなのよ！」とお客様が私に意気投合してくれた時です。**売れる営業の肝は「共感」にある。**自信を持ってそう思えるようになりました。

「共感」の営業は、お客様の「ありがとう」につながる

「共感」がキーワードの営業は、お客様と気が合う、意気投合することです。もっと言うと、お客様と同じ立場、パートナーのようなイメージです。**お互いがお互いを必要として尊重する。**お互いに無理をしない関係でなければ、共感があったとしても長く付き

合っていくことはできません。

私が営業や販売で、モットーにしているのは**「売り手も買い手もハッピー」**ということです。どちらも満足していることが重要です。

「お客様は神様。だからお客様の言うことは絶対なのでは？」このように聞かれることもあります。しかし、それは違います。

どちらか一方の我慢の上に「共感」はありません。

同じく、「お願い営業」もダメです。「お願い営業」とは、お客様がそんなに欲しくない、必要ではない商品を、「何とかお願いします！」「今日じゃなきゃダメなんです！」と無理して買っていただくことです。この場合の主役は、お客様ではなくて営業マンになっていますね。こういった営業スタイルは、一時的にうまくいったとしても、時間が経って、もしお客様が後悔されるようなことがあったとしたら、それは共感とは言えません。

また、「上から目線の営業」も同様です。ひどい例としては、「このままじゃとんでもないことになりますよ」「今のままじゃ一生後悔することになりませんか？」といったような、不安を強調して、煽るメッセージを見かけることがあります。

もちろんお客様が十分納得の上ならいいのですが、もし不安から抜け出したくて思わず買ってしまったとしたら、これも共感にはつながりません。

これらの営業は当然ですが、リピートや紹介につながりません。

「共感」の営業は、お客様が「商品を買う」と決めた瞬間に、ワクワク楽しい気持ちになっているものなのです。それを判断する基準は、お客様に「ありがとう」と言っていただけるかどうかです。

通常、お客様に商品を買っていただいたら、お金をもらう販売をした側が「ありがとうございました」と言いますよね。でも私は、その時にお客様からも「いい商品を売ってくれてありがとう」と言っていただくことを目標にしています。

お互いが「ありがとう」と言える。

これがまさに共感であり、売り手も買い手もハッピーな状態です。

お客様の「ありがとう」をいただくために、自分は何ができるのかを常に考えて行動するのです。

だから、私には、一方的にお願いしたり、お客様を不安にさせて無理に買ってもらうという発想がありません。そんなことをしても、決して「ありがとう」をいただけないからです。

今でも泥臭い体育会系営業のマニュアルがベースになっている営業の現場はまだまだあります。その方法を否定はしません。それでお客様に喜んでいただけるなら、肌に合う人はぜひ極めて欲しいと思っています。

でももし、営業がうまくいかずに悩んでいる方、自信が持てない方、一所懸命に頑張っているのに結果が出ない方、ストレスを感じている方は、無理するのをやめて、「共感」の営業にシフトするのはいかがでしょうか。

それは、**本当に必要としている方に提供する方法だから、安売りも、無理も、お願いも無縁のストレスフリーな営業スタイル**です。

お客様から、「あなたから買いたい」と指名していただけたら、最高ですよね。

私の経験をお伝えすることで、「営業が大好き」という人がどんどん増えて「売り手も買い手もハッピー」な世の中になるように貢献したいという使命感から、本書を書きました。

「こんな営業の方法もあったのか！」と、気持ちがラクになっていただけたら、私もハッピーです。

Part 1

「営業」に対する イメージをアップしよう

あなたが営業を苦手な理由はなんですか？

営業が得意じゃない、うまくいかないという方によく聞かれます。

「どうしたら営業が楽しくなるんですか？　営業が苦手なんです」

そんな時、私はこう返します。

「どうして営業が苦手なんですか？　何かきっかけがありましたか？」


営業が苦手な理由は人によって様々でしょう。営業をしたことがない人なら、過去にしつこい営業をされたことがあるとか、身近にイメージの悪い営業の人がいるとか、テレビドラマでの嫌な営業マンのイメージが頭にあるといったことかもしれません。

私も転職を考えていた頃は、「営業なんてできるわけない」と思っていました。営業はお客様を自分で見つけて、こちらから売りに行く大変な仕事。口がうまくて、ぐいぐいと押しが強い、そして傷つかず、あきらめないというような、特殊な才能と根性を持った人じゃないとできない仕事だと思っていました。正直、いいイメージは持っていなかったのです。買う気のない人にも強引に買わせてしまう、それが「営業」だと思い込んでいました。

「営業が苦手」という意識は、過去の経験が大きく影響している場合が多いです。なかでも「強く断られたり、拒否されるから」という理由をよく聞きます。冷たく突き放されたり、すごく怒られたり、さらには無視されたりした経験が、あなたにもあるかもしれません。

私も、初めてテレアポをした時はひどい目に遭いました。無言で電話を切られることはしょっちゅうで、「今忙しい！」と言われるならまだしも、「なんで電話してくるんや！」「二度と電話してくるな！」と怒鳴られたこともあります。そうすると、どんどん落ち込みます。自分自身が否定されているんじゃないかと錯覚してしまうのです。次にまた同じことを言われるのではないかと思うと、営業するのが怖くなりました。

また、お客様が話は聞いてくれるけど、頑張っても、頑張っても一向に「売れない」という方もいるでしょう。これはつらいですよね。

営業は結果がすべてです。努力や行動量は関係なく、すべて数字で判断されますから、結果が出ないと、落ち込みます。私もそういう時期がありました。自分では何が悪いのかわからないので、しんどいのです。やっと取れた仕事なのに、次の日にキャンセルがきて、頭が真っ白になり、しばらく立ち直れないこともありました。

売れている営業マンは「営業が苦手」とは言いません。それどころか「営業は楽しい」と言います。

営業以外の制作、広報、人事などの仕事だと、自分の成果が数字として現われないので評価がされにくいこともあるけれど、営業や販売の仕事は売れたら数字が上がるので、評価が直結してモチベーションにも比例します。

私が「営業は面白い」と気づいたのも、売れるようになってからです。

必要ない人に売ろうとすると「売りつけ」だけど、必要な人に「欲しい」と言われて売り、その結果「ありがとう」がいただけると、役に立てたことがすごくうれしくて、やりがいを感じて「もっと売りたい」と思えるようになりました。

前述した「電子手帳事件」は「共感」の営業そのものです。私が私の好きなもの、気に入っているものを、いかにすごいかを伝えることで、こんなに心を動かされる人がいるのかと思うと、とても興奮しました。しかも電子手帳という高価な商品なのに、話を聞いただけで実際に買いに行く人がいたこともその感情に拍車をかけました。

営業が苦手だと思っていた頃は、営業ってこうしなくちゃいけない、ということにとらわれ過ぎていたと思います。

でも、**売れる方法はひとつではないことがわかりました**。自分に合う営業スタイルを見つけたからです。人と人が関わる仕事だから、もっと自由に考えていいのかも。そう考えはじめた時から、少しずつ気持ちが楽になりました。本章で、あなたにも「自分に合う営業スタイル」への第一歩を踏み出して欲しいです。

「営業の常識」への思い込みを捨てよう

営業という仕事への偏見や固定観念を持っていませんか? 私もそうでしたが、多くの営業職の方が「営業の常識」と言われるものに縛られています。

例えば、実際に私が転職したての新人の頃に研修や先輩から教えられた営業の極意は、「営業は断られた時からはじまる」「100件当たって1件売れたら99件の苦労が報われる」「営業に限界はない」「お客様を選ぶな」というものでした。「売れるまで会社に戻ってくるな！」と朝礼でハッパをかけられて送り出されたこともありました。

私は、それらの言葉にはまったくピンとこなかったのですが、何事も自分で確かめてみないとわかりませんから、とりあえず、素直に会社や先輩の言う通り、やっている通り、ロールプレイング通り、マニュアル通りに挑戦しました。

でも、やっぱり無理でした。頑張っても、頑張ってもうまくいかない。きつく断られると、どんどんつらくなってきます。そして、やる気がなくなっていきました。

もともと私は努力が嫌いなうえ、面倒くさがりなので、先も見えないのにコツコツと根気よく同じ作業を繰り返すのが苦手でした。

「私に営業は合わない、辞めようかな」。そんなふうに悩む日々が続いていました。

そんなある日、インテリアコーディネートの研修に行くことになりました。その研修のなかで、講師の先生から質問をされました。

「照明器具の役割とは何ですか？」

私が「部屋を明るくすることです」と答えると、「ほかにはありませんか？」と先生はまだ聞いてきます。

何も思いつかない私は、「照明器具に明るくする以外の役割があるんですか？」と聞き返してしまいました。すると、先生から衝撃の答えが返ってきたのです。

「ヨーロッパでは、照明は部屋を明るくするものではなくて、生活を豊かにするものなんですよ」

これは目からウロコでした。ヨーロッパでは、日本のように天井の真ん中にひとつの照明をつけるのではなく、床置きや間接照明などをいくつか設置して、雰囲気を楽しむのです。薄暗くて目をこらさないと、どこに何があるかわからないくらいの明かりということも珍しくないそうです。

続けて、先生はこうおっしゃいました。

「人は、今までの自分の経験から得たことを『常識』だと思い込んでいます。でも、それはとてももったいないこと。研修で学ぶ時や誰かから教えてもらう時、そのまま信じるのも、そんなこと知っていると思って受け入れないのも、常識とは違うと決めつけるのも、すべてがもったいないことです。いつもまっさらな気持ちで、違う視点や方法はないかなと考えると新しいやり方が身につくものですよ」

先生の言葉は私の胸に深く突き刺さりました。**人によって「常識は違う」**のです。それからは、常識だと思っていたこと、当たり前のことを「もしかしたら違うのでは？」と考えるようになりました。

営業スタイルは変化している

早速、「営業の常識」に縛られていないか、考えてみることにしました。そこで気づいたのが、**「営業の常識」「営業のルール」をつくってきた方が実際に営業していた時代と、今の時代では状況がかなり変わっている**ということです。

昔は、もの（商品）が少なくて経済が成長している時代だったので、営業ですすめられるものが本当に必要だったり、珍しいものだったら売れていました。比較するための情報が集めにくい時代だったからでしょう。例えば私が子どもの頃、自宅に飛び込み営業の人が来ると、母は図鑑セットや物語名作集などをすすめられるがままに買っていました。「賢そうなお子さんですね。お子さんのために役立ちますよ」と言われると思わず買っていたようです。

今は必要なものは何でも揃っていて、いつでも買うことができます。値崩れが起こり、100円均一に何でも揃っているような時代だから、ただすすめられたからといって買う人はいなくなりました。それに、インターネットで情報が容易に入ってくるので、誰とも会わなくても買い物ができるし、より条件のいい店から買う方法を一瞬で検索できてしまいます。つまり、簡単にものが売れない時代なのです。

社会も人も変化しているのだから、昔の営業方法のままではダメなんじゃないかと思いました。現場から退いた指導者・管理者は、自分たちが「いい思い」をした時代の方法で成功ノウハウをつくっているから、今それを実行してもうまくいかないのではないかと分析したのです。そこで、今の時代に合った視点ややり方で、営業する方法があるのではないかと考えはじめたのです。

「営業の常識」について、例えばこんなことがありました。私が住宅リフォームの営業で売れるようになると、後輩から、「前川さんの『営業トークマニュアル』はないんですか」と聞かれるようになったのです。その後輩は、「マニュアルがあるのは営業の常識」と思っていたようです。

しかし、私はマニュアルをつくっていませんでした。そもそもマニュアル通りに営業しないほうがうまくいくことがわかっていました。マニュアルがなくても、お客様に合わせてトークを変えることが自然とできていたからです。

「マニュアルがあると安心」という気持ちはわかるのですが、**「マニュアルがないと売れない」と思ってしまうと、自分で考えたり努力をしなくなるのでもったいない**と思います。

私は今、営業セミナーや接客研修の講師として、「売れる営業になるには、商品中心の説明をやめましょう」と話しているのですが、受講者から「商品の仕様や機能を説明しなければ、お客様から信用してもらえないのではないですか？」と質問を受けることがあります。

私の経験から言うと、そんなことはありません。化粧品を売っている人が、「これは美白化粧品です」と言ったらそれをお客様は信じますし、家を売っている人が、「省エネ仕様です」と言ったら、詳しく説明しなくてもその言葉を信じるものです。

なぜなら、話を聞きに来た時点で、すでに「売る側はプロだ」と信用して来ていますから。そう考えると、以前の私もそうですが「商品説明は詳しくするのが常識」というのも思い込みなのです。

先日、ドラックストアに買い物に行った時、サプリメント商品について、「これを使ったらどうなるんですか?」と販売員さんに聞くと、成分や医学的根拠についてすごく詳しく話してくれました。こちらには専門知識がないので、「なるほど、そうか」とは思いますが、「買いたい」という気持ちにはなりませんでした。

もしその時に販売員さんが、実際に買った方が飲んでどうなったかという実体験の話、例えば「目覚まし時計なしでも、6時に目が覚めるようになった方がおられるんですよ」などという話をしてくれたら、「いいな。私も早起きしたいんだよね」と、感情とセットになり、共感へとつながって、欲しいという気持ちへ動いたでしょう。

「営業はこうしなくちゃいけない、こうするべきだ」。あなたの「営業の常識」の思い込みをいったん外して、あなただけの売れる営業スタイルを見つけていきましょう。

お金をもらうことに対する抵抗をなくそう

「営業＝ものを売る」です。工務店で営業マネージャーとなり、部下の指導をするようになってから、**売れる営業マンと売れない営業マンの意識の差とは何だろう？** と常に考えていました。

そのひとつに、**「お金を出してもらうことに抵抗がある」**ということがありました。

地域情報紙の広告企画営業をしている時、悩める後輩から相談を受けました。

「お客様に、『広告は反応があるかどうか、わからんからなあ』と言われました。カタチがないし結果もわからない。確かに自分だったら、高いお金を出すのに、買った後の効果もよくわからない商品は買いません。自分が買わない高額な商品をお客様にすすめていいものなのか、悩んでいます」と。

即座に私は、「こらこら、営業が自分が売っている商品を高いって思ったらあかんよ。高いか安いかはお客様が決めることなんやから」と言いました。

それでも後輩は、「それができたら苦労はしませんよ」と、まだ悩んでいるようでしたが、この悩みは私も通ってきた道なのでよくわかります。

「安いですよ。お得ですよ」と言える商品はすすめやすく、その反対に高い商品だと、押し売りしているようですすめにくいものです。

百貨店で化粧品販売をしていた時の商品は、数百円の化粧用雑貨から最高2万5000円の美容クリームまで、平均単価は5000円くらいだったと記憶しています。ところが、工務店への転職で、私は商品単価のギャップに悩まされました。化粧品と違って見せられる商品の現品がないうえに、高額商品。平均単価は500万円くらいで、増築や一軒まるごとのリフォームだと2000万円を超えるものもありました。

しかも、この時私は独身で、家を買ったこともなければ、もちろん住宅リフォームをしたこともありませんでした。賃貸マンションに住んでいる20代半ばのろくに家事もしていない独身女性が、自分の親世代、もしくはもっと年上のお客様に高額商品の提案をして買っていただくのです。転職した当初の私は、「自分ではとうてい買えるものではないので、売る自信がない」「お客様の気持ちがわからない」という状態でした。

だから営業する時も、「この提案は高いんじゃないかな」「オプションをつけたら金額アップになるから、お客様のお金がなくなるんじゃないかな」などと、いつも考えていました。

しかしこれは、**お金をもらうことに対する勝手な罪悪感**だったのです。それが、間違っているとわかったのは、お客様からの言葉でした。

「住宅リフォームって一生に一回あるかないかだから、家族みんなの夢だったんです。このために10年間節約して一所懸命お金を貯めてきたんです。だから、後悔したくない。最高のリフォームをしたいから、値段に関係なく提案をどんどんしてくださいね」

ハッとしました。**お客様は買いたいんだ、お金を使いたいんだ。なんで「私だったら」と、自分に置き換える必要があったんだろう**と気づきました。

また、広告企画営業をしている時にも、失敗がありました。お客様に、ある広告に出稿していただき、お金を使わせ過ぎたかなと思い、しばらく提案を遠慮していたら、その間に他社と契約されてしまったのです。「だって前川さんが来ないから」と言われて、本当に後悔しました。

確かに企業では、計画的に経費の予算を組んでいるのに、私の基準や判断で提案をしないというのも大きなお世話だと気づきました。私が提案しなければ、ほかの誰かが提案して、そこでお金を使うということです。

もうひとつ、お金に対しての考え方を変えることになった出来事がありました。

工務店で役職についた時のことです。その時に初めて、経費を管理することになって、会社の純利益を知りました。

売上から商品原価を引いた粗利益と、そこからさらに社員の給料などを引いた実際に会社に残る純利益の詳細です。建て替えや大規模リフォームの場合は高額ですが、その分、手間も時間もかかります。打ち合わせや提案から契約をして工事が完了するまで、1年以上もかかることもめずらしくありません。結局、純利益が5%ほどしか残らないということもありました。

例えば2400万円の売上に対して5%だと120万円。これを12ヶ月で割るとたった10万円です。その金額を知って愕然としました。恥ずかしながら、実は私は、会社がボロ儲けしていると勝手に勘違いしていたのです。

でも実際はそうではありませんでした。適正価格どころか、本当はかなり厳しい金額でした。それを知ってから、お金をもらうことに対する抵抗がなくなり、堂々とおすすめできるようになったのです。

繰り返しますが、購入を決めるのもお金を出すのもお客様です。商品に価値を感じて、その費用が商品を得るのにふさわしい金額だと判断した時に、お客様ご自身が決断してお金を払う。その流れには、どこにも無理はないのです。

その証拠に、買われた時、金額の大きさには関係なく、とてもうれしそうな笑顔をいただけます。そして、満足いただくと、「すすめてくれてありがとう!」と言ってくださいます。それが答えです。

憧れの「売れる営業マン」を手本にしてみよう

営業が苦手だとお悩みの方はぜひ、**「売れる営業マン」がどのように営業しているかを徹底的に調べてみる**ことをおすすめします。一番のおすすめは同じ会社の人です。売っているものや環境が同じだと、自分の営業スタイルに取り入れやすいですよね。

もしかしたら、社内にはいないという場合もあるかと思います。そんな時は、ライバル会社の営業マンでもいいし、自分がお客として接した時によかったと感じた営業マンでもいいでしょう。それも思いつかなければ、営業のジャンルで有名な人の書籍を読んで参考にしたり、セミナーに行ったり、ＣＤやＤＶＤで勉強するのもいいと思います。

私が、住宅営業に就いた時の男性店長は、まさに売れる営業マンでした。ある日、営業に同行させてもらうことになりました。すでにたくさんのお客様を持っておられたので、新規飛び込みではなく既存客へのフォロー営業というスタイルでしたが、この時に驚いたことがいくつかあります。

まず、お客様とのアポイントをとっていないこと！

「その後どうですか？　何か困ったことはありませんか？」そう言って訪問するのです。するとお客様は、「押入れの戸が一箇所閉まりにくいの」とか「洗面台の水の流れ

が悪いの」などの困りごとをおっしゃいます。すると店長は、「ちょっと見ますね」と
お客様の家にあがっていって作業をはじめるのです。

時には、「おたくで工事したところじゃないんだけど、見てもらってもいい？」と言われ、他社が工事した部分でも、「いいですよ」と店長は快く引き受けていました。

これって「営業」なの？　調子の悪い部分を修理してしまったら、次の仕事が減るんじゃないの？　と、私は心配になってしまいました。

実際に、作業が終わったら、「ありがとう！　助かったわ」とお客様から言われて、店長は「じゃあ、また何か調子が悪いところがあったらいつでも声をかけてくださいね」とそのまま帰るじゃないですか。

「えー！　何もすすめてませんけど、大丈夫なんですか！」私は心の中で疑問だらけでした。

その日は何件か訪問しましたが、店長はずっと同じ調子でした。私は疑問が解消しないので、会社に戻る車の中で、「店長はどうして何も商品やサービスをすすめないんですか？」と聞いてみました。

すると、「今日はどのお客様も、すすめる必要がなかったからね」と言います。私は、「そうだったんですね」と頷いたものの、頭の中はさらに混乱していました。「営業なのに何もすすめない……。じゃあ、どうやって売ってるの?」と。

ところが、何日か店長に営業同行させてもらって、少しずつわかってきました。

修理をしたり悩み相談にのったりしていると、「実はそろそろ外壁を塗り替えようかと思ってるの。一回、おたくで見積もってくれない?」とお客様がおっしゃることがあるのです。

またある時、お客様から店長に電話がかかってきました。「妹が家のリフォームをしたいって言うから、アフターフォローもちゃんと面倒を見てくれる地元の工務店じゃないとダメよって教えてあげたの。そうしたら、お姉ちゃんがやってもらったところを紹介してって言うから、一度行ってあげてくれる?」というものでした。

こちらから何かをすすめなくても、リピーターになってくれたり紹介してくれる、こんな営業があるんだと、私はとても新鮮に感じました。

ガツガツと押しの一手で攻めていく営業はできないと思っていた私は、営業にもいろいろなスタイルがあると知って、精神的にとてもラクになったのを覚えています。

何よりも、「お客様の困っていることを解決する」ということが先にあるので、売れるまでは少し時間がかかるかもしれませんが、「ありがとう」がいただけてお互いにハッピーです。


私は、この売れる男性店長に営業術を学びましたが、当時、周りにはお手本にしたい女性の営業がいませんでした。まだまだ男性が営業の大半を占める時代だったのです。

そこで、女性営業の方や女性起業家の本をたくさん読んで研究しました。営業にもいろいろなスタイルがあって、売れる営業すべてが体育会系ではないということがわかりました。私と同じように、従来の営業方法が苦手だったけれど売れる営業に変わった人も多くて、勇気づけられると共にその方法はとても参考になりました。

ひとりの人をそっくり真似するというよりは、**いろいろな人から、小さな工夫をひとつでもいいので学び、自分ができそうなことを取り入れる**ようにしていきました。

そうして、自分自身が売れる営業になってからは、新人が入社すると上司から「前川さん、営業に同行してあげて」とよく言われました。また、営業1~2年目の成績が伸び悩んでいる若手からは、「前川さんの営業に同行させてもらっていいですか？」と直接頼まれることもありました。私はそのどちらもうれしかったです。

「売れる営業マン」は、頑張って努力をして今のスタイルをつくりあげています。売れなかった時の悩みは共通していることも多いので、昔の自分と同じ苦労をしている人の気持ちがよくわかり、快く教えてくれることが多いのです。

もし、あなたのまわりに直接聞ける方がいたら、ぜひ聞いてみてください。その際、今、売れている「結果」よりも、どうやって売れるようになったのかという「過程」を教えてもらって手本にするのがおすすめです。

「自分のやる気をなくす言葉」は使わない

憧れの「売れる営業マン」を見本にしてみると、さまざまなことがわかってきました。

私は、売れる人は初めから才能のある人だとずっと思っていましたが、話を聞いていくうちにそうではないことがわかりました。なかには自分自身のことを「ダメダメ営業マンだった」という方もおられました。「毎日、ただただ時間が早く過ぎないかということを考えていた」と言うのです。売れる営業マンとなった今の姿からはまったく想像できない過去でした。

「自分ができない営業だったから、新しく入ってきた人の気持ちが痛いほどわかる。だから自分が先輩から助けてもらったように後輩の力になりたい」と、ある売れる営業マンに言ってもらえた時、営業は特別な人だけができるものではなくて、誰もが同じように小さなステップを積み重ねたらできるようになるのかもしれない。私もきっとできるんだ！　とうれしくなりました。

売れるのは「運」だと、本気で思っていた頃は、面倒なことが起きるとすぐ嫌になり、放ったらかしにしたり、黙って見過ごしたりして、目の前の問題から逃げていました。でも、それはよくないことも心の中では、わかっていたのです。だから、私は思い切って売れる営業マンの先輩に相談してみました。

すると、先輩からもらったアドバイスは「物事をマイナスにとらえないようにしたらいい」ということでした。

「上司からの無理難題でも、お客様からのクレームでも、起きたことは乗り越えられるって思わなきゃ。一時的に逃げてもまた同じことが起きるよ」と。

「『もう嫌！　できない』と思った時、それを乗り越えるコツは、自分のやる気をなくす言葉を使わないこと。考え方を変えるのは大変だから、使う言葉を変えるところからはじめるのがいい」と教えてくれました。

「使う言葉、ですか？」と、詳しく聞いてみると、先輩はこう言いました。

「例えば、『難しい』という言葉は、使わないようにしたほうがいい。『難しい』ってどういう時に使う？　断り文句に使ったりするでしょ？　つまり、思考停止、もう考えないっていう状態に自分でしてしまっているんだよ。

それから、『なんで私が』という言葉もダメ。そんなこと言っても、起こった事実は変えられないから。『どうせ』も同じ。『どうせ』の後には、否定やマイナスの言葉が続くだけでしょ。

言葉って、気持ちや行動に大きな影響を与えるほどパワーがあるから、マイナスの言葉を使っていると、気持ちも行動も同じくマイナスになってしまって、自分のやる気がなくなる。何か嫌なことが起こった時も、どうしたらうまく解決するかな？　私ならできるかもしれない、と言葉にしてみるだけで、不思議なくらいやる気が出てきて、その結果いい方向に進むんだよ」

この話を聞いてから、売れる営業マンの言葉を観察してみました。すると、皆さん、「やる気をなくす言葉」は使っていなかったのです！

私もその日から、「やる気をなくす言葉」を言いそうになったら、強引にでも言い換えてみるようにしてみました。その一例を紹介します。

難しい・無理 → どうやったらできるかな
なんで私が → 私に何ができるだろう
でも → 例えば
私なんか → 私なら
○○なのに → ○○だから
○○しなくてはいけない → ○○することになった
○○するべき → ○○するといい

はじめは、手帳に書いて持ち歩いて、意識して見ながら言い換えていたのですが、何度も繰り返すうちに自然とできるようになりました。すると、先輩の言うように、うまく物事が運ぶようになりました。

人と接することが多くて、コミュニケーションを日常的に行なっている営業マンだからこそ、使う言葉を大切にすることがとても重要です。

イメージをアップして、楽しく営業しよう

営業をしていて「うれしい」「楽しい」と感じる瞬間はありますか？　それはどんな時でしょうか？　商品が売れた時、目標を達成した時、セールスランキングで上位になった時、上司にほめてもらった時、営業手当がたくさんもらえた時、昇給した時などでしょうか。

でも、もしかしたら、まだ「うれしい」「楽しい」と思ったことはない、という方もいるかもしれませんね。

私も、コンスタントにいい成績を上げられるようになるまでは、ノルマがきつくて上司から注意されると、すぐに嫌な気分になってしまい、「営業なんて嫌だ」「営業はしん

どい」と思っていました。

逆に、お客様から「ありがとう」という感謝の言葉をもらえると、それまでの苦労や挫折も吹き飛ぶほどうれしくて、「営業って楽しい」と感じることができました。

お客様から「いい商品を紹介してくれてありがとう」「いいアドバイスをくれてありがとう」と言われると、「この仕事、やっててよかったー！」と思えるほどうれしいものです。そして、またお客様からの「ありがとう」が聞きたい、と思うようになります。

住宅リフォームの営業で、建て替えの仕事をいただいた時のことです。家が完成し、引き渡しの後に施主の奥様からお手紙と謝礼をいただきました。

この時の仕事は、完成までの細かい打ち合わせ、発注や工程管理、現場監督、すべてを最後まで担当営業である私に任されていました。最初の打ち合わせから完成まで、1年半という長いお付き合いでした。

当時、私はまだまだ経験も浅くて、一所懸命に頑張ってはいたものの、失敗もあったり、周りに迷惑もかけていました。上司や現場の職人さん、何よりもお客様に助けられながらの完成でした。

いただいたお手紙には「打ち合わせの時から、1年以上もの間、ずっと一所懸命にうちのことを考えてくれてうれしかったです。こんないい家ができたのは、あなたをはじめ、皆さんのおかげです。これから家族が毎日暮らす素敵な家を、一緒につくってくれてありがとうございました」と書かれていました。

そして、封筒には3万円も入っていました。会社員として、当たり前の仕事をしただけと思っていたので、びっくりしました。私は、それを社長に報告して会社に入金しようとしましたが、社長は「そのお金はお客様から君への気持ちやから、ありがたく受けとっとき」と言われました。

「私の当たり前の仕事を認めてもらえた。ありがとう、と感謝もされた。お客様の役に立てたんだ！」と思うと、泣きたくなるほどうれしかったです。

営業という仕事は、常に数字に追われているし、数字で判断されるし、いつも新しい人に会う緊張もあるし、頑張ってもうまくいかないこともあるし、悩んだり、ストレスを感じやすい仕事だと思います。

でも、決してつらいことばかりではなく、毎日が出会いであり、人との関わりだからこそ、その分うれしいことや感動することにもつながります。

「営業はつらくない」→「営業は人の役に立てるんだ」と、イメージアップできるようになったら、行動や思考も自然と変わってきます。

イメージアップするためには、**「とりあえずやってみる」**という行動が大事です。そして、昨日よりもうまくいったことがあれば、それを**小さな「成功体験」として励みや原動力にしていきましょう。**

それらの小さな小さな「成功体験」の積み重ねが、イメージアップへとつながるのです。いくら、売れる営業マンから教えてもらっても、営業の成功本を読んでも、自分が体験しなければ実感は湧かないし、自分のものとして身につきません。

売れる営業マンが「営業は楽しい」と言うのは、「成功体験」の積み重ねがあるからです。まずは、営業へのイメージアップができるんだ！　ということを知っておいてください。

Part 2

「共感コミュニケーション」のつくり方

「共感」の営業で、もっとも大事な「コミュニケーション」

お客様から「ありがとう」と感謝されて売れる〝ストレスフリー〟の営業。それを実現するのが「共感」の営業です。では、ここから実際に「共感」の営業方法についてお伝えしていきます。

「共感」という漢字は、「共に感じる」と書きます。私は「共感」というと、目の前の人の話・気持ちに意気投合した時のイメージを持っています。わかりやすく言うと、私も同じ意見、私も同じ考え方と感じた時で、思わず「わかるわ〜」と言いたくなる時に、共感しますよね。

つまり、「コミュニケーション」によって「共感」できるのです。営業にとっても「コミュニケーション」は重要です。なぜなら、営業マンがいくら知識や経験が豊富だとしても、お客様が受け入れてくれなければ、話を聞いてもらえないからです。さらに、いい印象を持ってもらうのともらわないのでは、その後のお客様の受け取り方にも影響がでます。

お客様が営業マンに意気投合してくれるコミュニケーションが理想です。それを、「共感コミュニケーション」と名づけました。

「共感コミュニケーション」を使って営業をする3つのメリットはこちらです。

①お客様がどんどんしゃべる　→　だから、営業マンは話し上手でなくてもよい
②お客様との話が盛り上がる　→　だから、営業マンのストレスがたまらない
③お客様が自分で決断をする　→　だから、商品が売れる

このように、「お客様に感謝されて売れる」営業が実現します。

私が「営業には共感が大事」という話をすると、「それはわかるのですが、共感って自分から共感するということですか？　それとも、共感してもらうのが先ですか？」と質問を受けることがあります。

「共感コミュニケーション」が成立しやすいのは、先にこちらから共感した時です。

では、どのようにして先に共感するのかというと、まずは目の前のお客様に興味を持つことです。人は、自分に興味を持ってくれる人に好意を持ちます。

次から、さらに具体的な方法についてお伝えしていきますね。

「共感」を引き出す笑顔の力

想像してみてください。初対面でよく知らない人、あまり仲のよくない人が、自分とよく似た意見だった時、「そうそう！　わかるわ〜」とすんなり意気投合できるでしょうか？

人ってつくづく面白いなと思いますが、まったく同じことを好きな人に言われた時と、好きではない人から言われた時、感じ方が違うんです。解釈も感情に大きく左右されるのです。

私は営業の時に、商品知識だけでなく感情もセットにしてお客様に伝えようと意識してからも、なぜかうまく「共感」し合えないことが何度かあり、その時、あることに気づきました。

それは、**「共感」し合うには、準備が必要**だということ。

コミュニケーションは、よくキャッチボールにたとえられます。話す人がボールを投げる人、聴く人がボールを受け取る人で、受け取る準備ができていないのにボールを投げても受け取れませんよね。それと同じで、まずはお互いが、話す、聴く体制にならないと「共感」が生まれる会話にならないのです。

初対面のお客様と接する時、売り手と買い手の目に見えない壁や距離を感じることがあります。お互いにちょっと緊張したり、警戒しているような状態です。

私は「共感」の準備のために、まずそれをなくしたいと思いました。

そこで、自分がお客の時にどんな店員さんだと買いたくなるのかを意識して買い物をするようにしたのです。

すると、「愛想のよい人＝笑顔の人」だと、会話が弾んでたくさん買ってしまうことがわかりました。

化粧品販売をしていた時、私はまだ二十歳そこそこの大人になったばかりの年齢でしたが、お客様はかなり年上の方ばかりでした。だから自分も大人っぽく見せないといけない、格好いい女性にならなきゃいけないと思っていました。

明るい笑顔だと子どもっぽく見えるから、クールにあまり笑わないようにしていよう、と意識していたのです。今思うと、相当無理をしていました。

でも、自分がお客の時、笑顔の人から販売されたほうが買ってしまうことに気づいてからは、笑顔を先につくることで、少しでもその後の接客がスムーズになるのなら、お客様が来たら、まずはニコッと笑うようにしました。すると、面白い程いっきに雰囲気がよくなったのです。まるで、誰にでも使える魔法です！

笑顔は、意識からはじまる習慣です。今まで意識したことがなかったとしたら、毎朝、鏡を見て自分に向かって笑顔、家族に笑顔、家を出て会う知り合いの人にも、職場でも笑顔と、意識して練習すると習慣になります。それが難しいなら、赤ちゃんの写真、大好きな人の写真、大好きなものの写真を、目の前に用意すると自然に笑みがこぼれませんか？

笑顔は他人も自分も一瞬にして幸せにします。私も営業をしていた時は、職場のパソコンとスケジュール帳に、娘の笑顔の写真を貼っていました。お客様に電話やメールをする時も、娘の顔を見ながらだと自然と笑顔がつくれます。

人を笑顔にさせるコツは、自分から先に笑顔になること。とてもシンプルです。笑顔の人といるとそれだけで楽しくなるもの。笑顔は誰にでもできる「共感」への第一歩です。

共通点が多いと「共感」しやすい

「共感」への最初の準備は笑顔でできました。でも、いきなり営業トークはよくありません。どんな時にも小さなステップを踏むことが大切です。お客様が「買う」準備ができていないのに、どんどんセールストークをはじめると、あきらかにお客様が引いていくのがわかります。

せっかく笑顔でいい雰囲気がつくれたなら、次は、「この人なら話を聞いてみたいなあ」と思ってもらえるような関係を築いていくことが大切ですよね。

企業の営業研修では、セールスの話法を学び、ロールプレイングもたくさんしますが、なかなか本番でその通りの状況まで持っていける人は少ないものです。

相手に話を聞いてもらうには、自分にも興味を持ってもらわなければなりません。

「共感」は意気投合するイメージだと言いました。つまり、**自分と考え方や行動が似ている人には、「共感」しやすい**のです。

そう。共通点が多ければ多いほど「共感」しやすくなるのです。心理学でも「類似性の法則」として言われているように、**共通点が多いと親しみを感じます。**小学校の時、新しいクラスになったら、隣に座った子とお互いに質問攻めではありませんでしたか？「どこに住んでるの？」「兄弟はいる？」「好きな遊びは何？」「休みの日は何してるの？」「テレビに出てる人で誰が好き？」などなど。

かなりざっくりでも共通点があれば「一緒だ～」と盛り上がり、仲よしになっていきます。恋愛だと、「共通点」はもっと威力を発揮します。食べ物の好みが似ていたり、趣味が一緒だと「すごく気が合う」と思い、彼は私のことをわかってくれる、と「共感」につながり、距離が近づきます。

以前、東京で開催された1日セミナーに、大阪から日帰りで参加した時のことです。

25名の参加者全員と名刺交換をしたところ、私以外に3名の方が大阪から参加していました。それがわかった時の私たちのはしゃぎようったら！「大阪ですか！ほんまに⁉ 私もなんです！偶然ですね！」と、どんどん盛り上がります。

実は、冷静に考えると、大阪から東京へセミナーに行く人はそう珍しくないので、大騒ぎすることもないんです。しかも同じ大阪といっても、4人の居住地はばらばらで、近所でもありませんでした。これが大阪のセミナーだったら、まったく盛り上がっていなかったと思いますが、「東京で会った」ということから、意気投合しました。この4人は今でも集まるほどの強い結びつきができました。

これは、同郷という共通点ですが、**同郷や同じ学校出身**というのは、特に人の距離をいっきに近づけます。これはお客様とも同じです。自分のみならず、自分の親とお客様が同郷だったり、お客様の娘さんが自分と同じ出身校ということがわかると、いっきに仲よくなれます。

ところが、営業の場面では、そううまくいかないと思われたことでしょう。今までの例は、同級生、セミナー参加者という同じ立場、立ち位置なので、話しやすい状況です。

でも、初めてのお客様と営業マンや販売員では立ち位置も違いますし、距離もあります。そんな時はどうすればいいのでしょう?

私は、お客として店に行った時に、店員さんに質問攻めにされて、嫌な思いをした経験があります。自分にそのような体験があるので、最初からどんどん話しかけるのは、余計に尻込みをしてしまいます。ましてやお客様との年齢がかなり離れていたりすると、何を話していいのかわかりませんよね。そんな時のために、私の体験から気づいた方法を紹介します。

化粧品販売をしていたある日のことです。私よりも20歳くらい年上の方が来店され、私の顔を見て、「鮮やかなグリーンが好きなの? 私もなのよ」とおっしゃいました。えっ? 何でそう思われたのかな? と思っていたら、「あなたと同じ色のアイシャドウをちょうだい」とおっしゃいました。

その方は私の目元を見て、アイシャドウの色からそうおっしゃったのです。その時、ひらめきました。今まで私は、会話の中から何とかして共通点を探そうとしていました。でも、まずは外見から共通点を探せばいいんだ! と気がついたのです。

それからの私は、

「素敵なピアスですね。私もゴールドのアクセサリーが好きなんです」

「きれいなピンクのジャケットですね。私も好きな色です」

「花柄のスカーフが可愛らしいですね。私も花柄のグッズを集めてるんです」

「格好いいヘアスタイルですね。私もそんなふうにしたいんですよ」


このように、**お客様の外見から、自分が好きな部分を見つけて、共通点としてお伝えすることにしました。**

それを伝えた時のお客様の反応は、とてもうれしそうです。また、共通点があるということだけではなくて、人は身につけているものをほめられると、とてもうれしいので、いっきに距離を縮めることができます。

外見から、会話の中から、共通点をひとつでも多く見つけて伝える、それが共感につながり、営業へのスムーズなステップをつくるのです。

「自分のことについて話す」ことが「共感」を深める

「共感」のポイントは笑顔と共通点でした。ただ、外見からの共通点探しは、「取っ掛かり」としてはいいのですが、共感を深めるためには、もっとたくさんの情報が欲しいですよね。でも、質問攻めにしては、お客様のガードを固くしてしまうこともあります。では、どうすればよいのでしょう。

その答えは、自分から先に「自分のことについて話す」ことです。

驚かれた方もおられるでしょう。それもそのはず。私が受けた接客や営業の研修では、そんなノウハウはありませんでした。自分のことについて話すのは、名前と社名と業務内容などの仕事に関すること。自己紹介のあとはスムーズに本題に入っていく。無駄なことは言ってはいけない。こう教わって、私も最初はそれを守っていました。

しかし、住宅リフォームの営業をしていた時、外見の共通点だけで会話をしても、その後が続かなくて、沈黙になってしまうことがよくありました。ある時、苦しまぎれに、自分のことを話してみたのです。すると、思いのほか会話が盛り上がっていきました。

それまでは、「お客様は営業マンのことなんて興味がない」と思っていたのですが、**初対面の場合、お客様は緊張と警戒をしているので、先に自分のことを話してくれる営業マンのほうが、安心や信用につながりやすい**と後から知りました。

例えば、お客様の玄関先に飾ってある置物を見て、「阿波踊りの人形ですね。私の母は徳島出身なんです」と言うと、「そうなの！　私もなのよ。徳島のどこ？」と親しみを感じてもらえることがあります。また、犬を飼っている家では、「私も子どもの頃にずっと犬を飼っていました」と言うと、「どんな犬？　かわいいわよね」と犬の話で盛り上がったりしました。

もっと基本的なことだと、私は、独身に見られることが多く、また、お客様も聞いてはいけないと思っていらっしゃるようなので、聞かれてもいないのに「私にも娘がいるんですよ」と自分から言っていました。すると、「そうなの！　お子さんがいらっしゃるのね。何歳なの？　うちの孫と同じくらいかしら」と、その後の話が弾み、お客様との距離が近くなりました。

営業は、商品を売る仕事ですが、**「それを売っている営業マンがどんな人なのか」ということは、実はお客様にとって重要なポイント**なのです。特に住宅や保険など高額商品の場合や、アフターフォローなどその後の付き合いもある商品の場合、「誰から買うか」という営業マンの人柄は、購入時の基準のひとつになってきます。

だから、「自分はどんな人なのか」という情報を少し提供すると、安心感が生まれるのです。実際、私がお客の時、どこで買っても同じなら、気の合う人から買いたいと思っています。つまり、「共感」できる人です。同じような体験、同じ趣味や興味や嗜好は、それを見極めるポイントになりますよね。

究極の例があります。知人は夫婦揃って大の阪神タイガースファン。ガラス工房をされているのですが、その会社のブログは、毎回阪神タイガースのことばかり！　ブログのデザインもタイトルも阪神タイガース一色。まるで「阪神ファンの人だけ買ってください」というアピールかと思うほどです。しかもその通り、ブログを見た阪神ファンから仕事のオーダーが入るそうです！　このブログを見た人は、もし何店かの中で比較して決めようとしていたら、「阪神好き」ということがひとつの店選びの基準になるのでしょう。驚くかもしれませんが、大阪には実際に、「阪神好き」が購入の判断基準になる人がいるのです。

これは極端な例ですが、自分のことについて少しずつ情報を伝えることが、「共感」の営業をさらに深めることには間違いありません。

営業マンは「話し上手」じゃなくていい

つくづく学校教育では双方向のコミュニケーションについて、あまり教わった記憶がないなあと思います。特に「聴き方」について感じます。

「黙って話を聴きなさい」「人の話を聴く時は、目を見なさい」ということは教わりましたが、会話が弾む聴き方、可能性やアイデアを引き出す聴き方について習った記憶はありません。

接客販売、営業の仕事に就いた時、研修で効果的な話法について教わりました。しかし、それはどちらかというと、話を弾ませるというのではなく、売るために自分の話題を有利に持っていくための話し方のスキルでした。コミュニケーションの主役がお客様ではなく、販売側にあったように感じます。

化粧品の接客販売から住宅リフォームの営業へ転職した私は、お客様に興味を持ってもらう方法もまったく知らず、どうしたらいいのかわかりませんでした。

しかも、そのためには営業力が必要で、その営業力には欲しくない人にも買いたい気持ちにさせるほど、話がうまくなければいけないと思い込んでいました。

専門家としての知識も経験も少ない私が、どうしたらお客様の心をつかむことができるのでしょうか。

そこで私は、「今できることは何か」を考えました。**新人で知識も経験もなく「売ること」ができないのだから、まずは私を知ってもらおう。迷惑だと思われたくないし、できれば「必要とされる人」になりたい**、そう思ったのです。

大前提として、営業マンはお客様に自分から接触しなくてはなりません。百貨店での販売のようにじっと待っているだけではダメなのです。そのために、住宅リフォーム営業では、新規客獲得のためのテレアポや飛び込み訪問、または一度でも買っていただいた方のアフター訪問というものがありました。

その中でも、特にテレアポの成果は低く、事務所にずっといると上司に常に見られているようで、息苦しくなり、私はとても苦手でした。そこで、受け入れてもらいやすい、以前買ってもらったことがあるお客様＝既存客の訪問をたくさんすることにしました。

新人の私にできること、それはお客様の話を聴くということでした。住宅リフォームという分野だったこともあり、ご自宅に訪問し、「その後の不具合や困りごと」を聞いてまわるのです。これは、当時の男性店長の方法を真似することから始めました。

基本は、とにかくお客様の話を一所懸命聴くことです。そのなかで、困っている点をお聴きして、依頼されたらすぐに対応するということをしました。攻める営業ではまったくありませんでした。

それがよかったのか、「実は、次はお風呂のリフォームを考えてて」とか「知り合いの○○さんが、リフォームしたいって言ってたから紹介したいの」と、こちらから営業していないのに仕事につながるということが少しずつ出はじめました。これは自分でも驚きでした。

私は、商品説明や売り込みをすることもなく、話を聴いていただけなのです。よく考えたら、化粧品の時もよく話は聴いていました。

化粧品と違って住宅リフォームは無形でオーダーメイドです。つまり、よく聴かないとこちらから話ができない、ということもあって、目の前のお客様が何に困っていて何を望んでいて、どうしたら私を必要としてくれるのかな、そう思いながら話を聴きました。そうすることが、結局は自然と仕事につながることを知って、「営業は話し上手よりも一所懸命に聴くほうが大事なんじゃないか」ということに気づいていったのです。**「売りに行く」のは、営業にもお客様にもストレスがかかるものです。それに対して、「話を聴きに行く」ことは、受け入れてもらいやすい**ので、こちらも行きやすく、ストレスも軽減されます。

後に、「コーチング」というコミュニケーションスキルを学び、聴くスキルが営業にとても有効だとわかりました。営業の基本はコミュニケーションです。コーチングとはアメリカから入ってきたコミュニケーションスキルで、その主たるスキルは「傾聴（けいちょう）」です。

通常、「きく」という漢字を書く時には「聞く」という門がまえに耳というを文字を使います。ところが、コーチングの「きく」は「聴く」という、耳＋目と心でできた漢字を使います。「傾聴」となると、「傾ける」という漢字も入りますので、「勝手に音が聞こえてくる」のではなく、「一所懸命に聴く」ということになります。

私は、営業を通じて「聴く」行為がいかに大事で、売上にもつながっていくことを痛感しました。

多くの営業マンは本当によくしゃべります。初めての接触だとすると、電話でも訪問でも、お客様にほとんどしゃべらせないほどです。でも私は、20年以上営業をやってきて断言します。

お客様が営業マンよりもいっぱい話した時は、商品が売れます！

これは本当です。だから、営業マンは、「話し上手」よりも「聴き上手」になりましょう。

オーバーな「相槌」でお客様がどんどん話したくなる

「コーチング」を学んだ時、衝撃を受けたことがありました。当時私は「コーチング」とは、「上司が思い通りに部下を動かすためのもの」と勝手な誤解をしていました。「コーチ」といえば、スポーツでの熱血指導のイメージがあったからです。

ところが、そうではなくて、**「コーチ」の語源は「馬車」**だったのです。

つまり、「コーチング」は馬車のように相手が行きたい目的地まで運ぶ、つまり相手の可能性を引き出し、目標達成まで導くというスキルだったのです。

インターネット上のフリー百科事典「ウィキペディア」では、「コーチングとは、人材開発技法のひとつ」と記されています。コミュニケーションで人材開発できるなんて、素晴らしいスキルですよね。

また、**コミュニケーションの主導権は「話し手」ではなく、「聴き手」が持っている**ことを知った時にも、ものすごくびっくりしました。学べば学ぶほど、聴き方は奥が深いものです。

営業にとって、お客様の本音を引き出し、気持ちよく話していただいて、売上につながるというのは理想の展開です。

ところが、聴き方を学んだことがないだけに、「どうやって本音を引き出すのか」「スムーズに話してもらうのか」考えたこともないという方も多いでしょう。私も自分なりに経験を重ねて身につけていったものの、長い間、自分の感覚に頼ってやっていたので、その結果にはムラがありました。当然、誰かにその方法をうまく教えることもできませんでした。

それが、「コーチング」のスキルを学び、今までの自分の経験を振り返ることで、確信から自信に変わりました。

上手な聴き方のポイントは、**「笑顔」「アイコンタクト」「相槌、頷きのタイミング」**といわれていますが、営業のコミュニケーションで話を引き出すのに、**もっとも効果が高いのが「相槌」**だと私は思います。

一般的に、お客様との会話では、「はい」「そうですね」という相槌が多いですが、単調な受け答えの繰り返しでは話は膨らんでいきません。話が膨らまないと、お客様が本当に求めていること、理想のイメージの情報も乏しく、その結果、いい提案ができなくなってしまうのです。

売れる営業マンにとって、いかにお客様の本音を引き出せるかは重要です。時には、お客様自身がその本音に気づいていらっしゃらないこともあります。ですから、とにかく、お客様がどんどん話したくなるようにすることです。

そのために、相槌のバリエーションをたくさん持っておくことをおすすめします。

例えば、こんな相槌で会話は盛り上がるでしょう。

「なるほど」「うわ〜」「すごいですね！」「素晴らしいです！」「尊敬します」「本当ですか?」「びっくりしました！」「もっと聞かせてください」「よくわかります」

これらの相槌は、お客様の話の中で、楽しい話、印象的な話、驚いた話などの時に、いつもよりも少しオーバー気味に、大きな声で、そして少し高めのトーンで言ってみてください。

すると、お客様も会話にのってくださり、もっと話が引き出せたり、盛り上がったりして、さらに「共感」を深めることができるのです。

会話を広げる「質問」のルール

人は自分の話を一所懸命に聴いてくれる人が好きです。そのような人とは、また会いたいと思います。ですから、営業マンが聴き上手になると、お客様に好感を持っていただけます。

ところが、営業の研修で習ったのは、挨拶と姿勢と話し方ばかりでした。マニュアルトークも接客の話法も暗記して身につけました。でも、実際に目の前に起こることはマニュアル通りではありません。

現在の営業では「聴くこと」を大切にしています。それは私が、もともと「営業が苦手」というコンプレックスからスタートしているからです。営業をはじめた時は、経験も資格もブランド力もなかったので、お客様の話の中から「私にできることはないか」を探すしかなかったのです。今から思えば、「何もないからこそ工夫した」「できないからこそ、いろいろやってみた」ということがよかったのだと思います。

話をじっくり聴くことができるようになって、お客様に気持ちよく話していただいたら、商品も売れていきました。自分から一所懸命に説明して、マニュアルトークを使っていた時はなかなか売れなかったのに、不思議なものです。

こうして経験を重ねていくと、お客様との会話がとても楽しくなっていきました。

どうしたら、もっと話してくれるだろうと、研究していくと、ひとつの有効な方法として「質問」がありました。

ただし、**質問をするのは共感し合う関係になってからのほうがスムーズで効果的です。**

私は他人から質問されるのがとても苦手です。前述したように、ある店員さんから質問攻めにあったこともありましたが、ほかにも、初めてお会いした方と自己紹介をし合った後、矢継ぎ早に質問されたこともありました。「どこに住んでるの？」「家族と？ひとり？」「結婚してるの？」「子どもは？」……。私はうんざりした表情をしていたと思うのですが、質問は延々と続きました。その方は、私に興味を持ってくれたのでしょう。悪気があったとは思えませんが、関係がまだ浅いのにあまりにもすごい勢いで質問されると、なんだか問い詰められているような気持ちになります。似たようなことが何度かあり、嫌な思いをしたので、自分も質問をするのが苦手になりました。

しかしある時、同じように初めてお会いした方が、「私は大阪市から来ました。家族は夫と2歳の娘がひとり。仕事の時は保育園に預けているワーキングマザーです。前川さんは？」と先に自分のことを話されてから質問してきました。すると自分でも驚きでしたが、すっと答えることができたんです。

共通点を探す時と同じです。先に自分のことを話せばいいのです。知らない人に自分の情報を公開することはためらってしまいますが、その人のことを少しでも知っていると安心して自分のことも言えるものです。

そこで共通点があると、それが共感につながり、もっと話しやすくなります。それがわかってからは、私も**まずは自分から情報を公開した後に質問をする**ことにしました。

やってはいけない質問もあります。攻めるような質問、気持ちが暗くなる質問、やる気をなくす質問です。質問の役割は話の深堀りなので、お客様がネガティブなお話をされている時は、質問ではなく相槌で会話を進めてください。

「質問はお客様のためのもの」と考えてください。楽しい話、未来に向かう話の時に使ってこそ盛り上がります。

あとはタイミングも大事です。**お客様の話の途中で質問を挟まないようにしてください。**相槌も同じですが、お客様の話をよく聞いて「句読点の丸」のタイミングで、質問をすると、とても話が盛り上がりますので、話をよく聴いてお客様の表情を見て質問をするようにしましょう。

「沈黙」も共感を引き出す⁉

営業が苦手な人がイメージする「売れる営業マン」のイメージとして、とにかくよくしゃべる人、「マシンガントーク」と言われるように、相手に話す隙を与えないような人というのがあります。こういう人は実際にいらっしゃいます。

電話営業がかかってきた時など、まさにこれ。とにかくよくしゃべる、いっきにしゃべる、ずーっとしゃべっている。

そんな営業マンに私は言いたい。

「あなたのその話、お客様は聞いていますか？」

私の長い経験からわかったことは、**営業の場面では「お客様がたくさんしゃべったほうが売れる」**ということ。

「そんなことをしたら、どんどん話が脱線して、結局売れなくなりませんか？」

このような質問をよくいただきます。でも大丈夫。

実は会話は、聴き手が主導権を握っているのです。相槌や質問や表情で会話の方向性を決めることができます。

ですから営業では、お客様に話してもらっているのを、ただ聴いているわけではありません。会話には、関係を深める、お客様の本音や要望を聴き取る、感じ取るという大事な役割があります。

「お客様はどんな問題を持っているのか」「何が目的なのか」「今が買いたい時期なのか」「買いたい気持ちを阻んでいるものは何か」などを敏感に察知しながら、質問を投げかけていくと、お客様の気持ちがどんどん具体的になっていきます。

このようにしてお客様の本音を引き出すと、お客様自身がそれに気づくことができるのです。

しかし、高額な商品や、一生に数回しかない買い物の場合、お客様が最後に考え込んでしまうことがよくあります。

住宅リフォームはその典型的なものでした。500万〜2000万円程もする無形の商品です。無理もありません。

私は住宅リフォームの営業では小さな工務店にいながらも、大手企業との競争を勝ち抜き、年間1億円を売り上げていました。そのことで最近になって、業界誌の記者さんからインタビューを受けることがあるのですが、そこで、「お客様が最後に決断するために、背中を押す何かいい方法はありますか？　前川さんのクロージングを教えてください」と聞かれます。

そんな時、私はこう答えます。「クロージングはしません」。

またほかの取材では、「お客様が思わず買ってしまう決めゼリフはありませんか？」と聞かれたこともあります。そこでの私の答えはこうです。

「何も言わないんです。沈黙するんです」

これらの答えに記者さんは驚かれますが、これには理由があります。

お客様は沈黙している間にいろいろなことをイメージしています。これは最後の決断をしようとしているということ。つまり、**静かに自分の考えを整理したいのです。**

人は、沈黙の時間を気まずいと感じ、ついつい話してしまうものですが、ここはぐっと我慢してお客様の様子を見守りましょう。私の経験からすると、沈黙の後には購入を決定される方が多いです。

背中を押すセールストークとして、「今買わないと大変なことになりますよ」と煽ったり、「何とか今日決めていただけませんか」とお願いしたり、「今買わなくてどうするんですか！」と強引に押したりすることは、絶対にしたくありません。

煽られたり、頼まれたり、強引に押されたりして、お客様が買ってしまうこともあるかもしれません。しかし、後々何か不具合が起きた時、「これは営業マンに言われて無理やり買わされたからだわ……」と思われたらどうでしょう。その方は二度と買ってくれないでしょう。

私は、最後はお客様自身に決断していただき、こちらから誘導することなく、「買います」と言って欲しいのです。それで「売り手も買い手もハッピー」な買い物になると信じているからです。

決断される時の沈黙は、お客様を信頼してこそです。「共感コミュニケーション」においては「話す」ことだけでなく沈黙する、つまり「待つ」ことも効果を発揮します。

大阪の「売れる営業マン」は会話の9割が世間話

トップセールスになった私は、営業でお客様のところに訪問した時、9割は世間話をしていました。1日3件訪問していましたが、移動時間も含めて1件につき2時間。訪問するのはお得意様、つまり買っていただいた方がほとんどでした。お得意様は毎月訪問すると決めていたのです。

その時に意識していたのが、**お客様が喜んでくれそうな話、興味のある情報を提供することです。**

毎月訪問していたので、前回のお客様との会話の中から調べていくこともありました。紹介したい商品の提案をするのは最後で、その割合は全体の時間の1割程でした。

世間話はだいたい挨拶から天気の話にはじまり、お互いの近況の話、私がお客様の興味のありそうな話のネタを振り、お客様に話してもらうようにする、その後は相槌と質問で話を広げたり盛り上げたりします。このようにしていると2時間はいつもあっという間でした。それどころかついつい話が盛り上がり過ぎてしまい、6時間（！）話していたこともあるほどです。

何度も買っていただいているお客様に、訪問していきなり商売の話をすると、「ただ売りたいだけなのね」と思われないか不安に思っていました。

それよりもお客様には、売り手と買い手という関係を超えて、必要な人、大切な人と感じて欲しいという思いもありました。そのために、このお客様に何を提供できるだろうと、いつも考えていたのです。

例えば会話中に何かを質問されて、その場でわからない時は、次回までに調べて伝える。質問されなくても話題になったことで新しい情報があれば次に話す。そのために、お客様と話している時はメモを取り、普段もそのメモを持ってアンテナを張って、関連する情報を見つけた時はすぐにメモに書き込んでいました。そのうち、私の訪問を楽しみにしてくれるお客様が増えていきました。帰り際に「次はいつ来るの？」と聞いていただけると、とてもうれしいものです。

世間話ばかりしていても、商品はしっかり売れていきました。商品やサービスの紹介は、全体のたった1割でもです。

お客様には、おすすめの情報をお伝えしますが、正直、その時にお客様が必要じゃないと感じたら売れなくてもいいと思っていました。

買う、買わないの判断をするのはお客様です。だから、その結果買わないと言われたとしても、気まずくならないし、落ち込んだりもしませんでした。

私の周りの売れる営業マンに話を聞いてみると、同じように世間話がほとんどという方が多かったので、共通の特徴だと思っていましたが、先日そうでもないのかなということがありました。

ある方と、「東京と大阪の営業の違い」について話していた時のことです。その方は、東京生まれ東京育ち。仕事もずっと東京でしてきたところ、3年間だけ大阪転勤になったそうです。大阪で会社にオフィス機器の営業マンが来た時、話をはじめてもいつまでたってもセールスの話にならないのでびっくりしたと言います。

「東京なら挨拶と少しの世間話をしたらすぐに営業の話に進むだろうな。大阪人ってそうじゃないよね」。なるほど、地域や人によっては、世間話の効果があまりない場合もあるんだと知りました。

確かにコミュニケーションの地域性はあると思います。私は現在、講師としていろいろな地域で講演させていただいているのですが、同じテーマで話しても、笑いのツボも納得する箇所も、反応の様子も地域によってまったく違うから不思議です。

だいたい、大阪の人はノリがよく、盛り上がりも反応も大げさで、営業マンもお客様もよくしゃべります。これがすぐ隣の京都だとまったく反応が違います。同じ関西でもこうなのですから、広い日本だと当然ですね。

私がここで一番伝えたいことは、**誰にでも世間話を9割すればいいということではないのです。**「共感コミュニケーション」は基本的にお客様のためです。お客様にどうしたら喜んでいただけるのか、どうしたら営業マンとして役に立てるのかが重要です。世間話もお客様が喜んでくれてこそです。

お客様をよく観察して、想像して、話を進めてください。そのうえでの世間話ならとことん話してください。

「共感」につながるプラスの発想とプラスの言葉

同じことがあってもプラスの側面を考える人と、マイナスの側面を考える人がいます。マイナスの発想をしたり、マイナスの言葉を使う人は相手も不快にさせたり、落ち込ませたり、最悪の場合、怒りを引き寄せたりします。そしてもちろん、マイナスの人を引き寄せて、そのことによってストレスもたまっていきます。

逆にプラスの言葉を使うと、プラス思考の人を引き寄せます。

どちらも「共感」が作用していますが、**営業がうまくいくのはもちろんプラス発想とプラスの言葉**ですね。

営業での会話はもちろん、**文字にする時も同じ**です。チラシをつくる時も、ブログを書く時も、商品説明を書く時もプラスの発想とプラスの言葉を意識します。

例えば、私が開催している営業セミナー。対象者として、「売れなくて困っている人」「営業に行き詰まっている人」「もう営業を辞めたいと思っている人」と書けば、本当にその通りの人が来てしまうのです。そうやって集まった人は、「何とかして欲しい」という依存心を持った方が多いものです。

そこで、同じような意味でも「もっと売りたい人」「売れるための対策を考えたい人」というように書くと、「自分の力で何とかしよう」という人が集まってきます。

マイナスの言葉を使わないためには、**言葉を発する前のマイナスの発想から変えなくてはなりません**。マイナスの言葉が出そうになったら、どうしたらプラスの言葉に変えられるだろうかと考えて変換するのです。54ページの言い換え例も参考にしてみてください。

思ったことをそのまま発するのではなく、プラスの言葉に変えて発するようにくせをつけ、プラスの人を引き寄せて「共感」の営業を実現していきましょう。

Part 3

話し上手よりも「ノリ」が大事

営業マンは「ノリ」が大事

売れる営業マンは「話し上手」というイメージがありませんか？

「話し上手」というと、話題が豊富、流暢に話せる、話の内容が面白いというイメージでしょう。私も営業に就いた頃はそれが売れる営業マンの条件だと思っていました。

自分が興味のあることや、取り留めのない日常の話ならできても、仕事、営業となると自信が持てない人も多いのではないでしょうか。しかし、大丈夫です。実は、「話し上手」よりも「ノリ」がいい人が、「売れる営業マン」になれるのです。


「ノリ」と聞くと、漫才の「ノリ、ツッコミ」をイメージされる方が多いです。「営業はノリが大事」と言うと、私が大阪人ということもあるからか、

「面白いことは言えません」

「大阪人みたいになれないんです」

「どこでどうやってツッコミをいれたらいいのか……」

「話のオチってどうやってつくるんでしょう」

というご相談をいただきます。

確かに大阪人をはじめ関西圏の人は、物心ついた時からテレビで吉本新喜劇を見て育っている人が多いので、日常会話で「ノリ、ツッコミ、オチ」という構成の会話が普通に展開されています。私の娘も3歳ですでに友達とノリツッコミで話をしていました。ほかの地域の方からは「大阪は街中で漫才をやっているみたい」とよく言われます。

でも安心してください。営業に面白さは必須ではありません。ここでいう「ノリ」とは、会話のキャッチボールでいうと、**お客様から投げられたボール、つまり「振られた話題」には「とりあえずのる」ということです。**

キャッチボールは何回も続いてこそ楽しいものです。まずは投げられたボールを受け取ること。次に、相手が受け取りやすいボールを投げることをイメージしてください。

お客様の投げるボール（話）はどこに飛んでくるかわかりません。でも、どんなボールも受けるのです。主役は、話をしているお客様です。お客様に気持ちよく話していただくために「ノリ」が大事なのです。

例えば、時々、お客様の話が脱線して、「いったい何の話をしてるの？」と思うこともあるかもしれません。そんな時に、ストレートに「話がずれてますね」「いったい何がおっしゃりたいんですか？」と言うと、気持ちよく話をされているお客様が急に口を閉ざし、雰囲気が悪くなります。また時には、いきなり違う話題を振られることもあるでしょう。

そんな「何で⁉」と思う時も、いったんは「そうですよね～」などと、振られた話題を受け取ってください。そうしなければ、場がしらけてしまうのです。

話を盛り上げるのも、つまらなくするのも聴き手です。「ノリ」というのは、お客様のノリに合わせることです。大事なのは、マニュアルとしてトークのパターンを覚えるのではなく、お客様の反応を見ながら、状況に応じて対応するということです。キャッチボールは、目を合わせて、「行くよ！」「はい！」と声を出したり、手をあげたりと、お互いに準備ができた状態を確認してから投げると、うまくいきますよね。営業のコミュニケーションでも、相手が受け取りやすく、次に投げやすいように言葉を投げ返すようにしましょう。

「ノリ」やすくなる聴き方

「ノリ」を意識すると、会話がスムーズに流れはじめます。こちらの「ノリ」はお客様にも伝染しますが、よりお客様にものっていただく方法として、**話を聴く営業マンが会話のテンポを合わせる**ということができます。

話し方のペース、トーン、言葉遣い、身振り手振りなどを、お客様に合わせるのです。これはコーチングやコミュニケーションの技術で、「ページング」と呼ばれています。人は自分と同じような話し方をする人に、好意を寄せる、もっと話したいと思うと言われています。実際に私もそうです。自分が話しやすい人、話しにくい人を想像し、考えてみると、よくわかりますね。では、具体的に説明していきます。

ペース……話すスピードや間のことです。早口のお客様に対して、ゆっくり返事をしたらイライラさせてしまいます。逆に、スローに話すお客様に対して、早口で返事をすると急かされているというイメージを与えます。

トーン……声の高さです。営業や接客業の場合は、日常よりもやや高めの声を意識して出すのがいいと言われています。特に第一声は高いほうがいい印象を与えます。同時に行ないたいこととして、高い声のお客様に対しては、いつもよりも高めの声を。低い声のお客様に対しては、いつもよりも低めの声で応対すると、話しやすい雰囲気をつくることができます。

言葉遣い……丁寧な話し方をされる方には、丁寧に。友達相手のように気さくな話し方をされる方には、気さくに。お客様なので敬語は必須ですが、あまりにも丁寧過ぎると会話が弾まなくなります。なので、例えば語尾の「ございます」を「です」「ます」に変えるといいでしょう。

ほかに、地域の言葉で話される場合。例えば大阪でお客様が大阪弁を使われる場合は、こちらも敬語であっても、大阪弁のイントネーションにしたほうが会話は楽しいものになります。

「ほめ上手」「ほめられ上手」で「ノリノリ」になる

営業マンの「ノリ」でお客様に会話を楽しんでいただく方法として「ほめる」ことがおすすめです。

ほめることは、場を和ませたり、その後の雰囲気をよくしたりと、「共感」を得やすいスキルです。ただ、最近でこそ「ほめる」ことが大事だと言われていますが、私が子どもだった時の教育やしつけでは「叱って伸ばす」、ほめられたら「いえいえ」と謙遜する、というのが当たり前でした。ですので、ほめるのもほめられるのも苦手、何と言えばいいのかわからない、恥ずかしいという方も多いかもしれません。

それでも、ほめられて「うれしい」と思うのが人間です。では、具体的にお客様をどのようにほめればよいかをお伝えします。

「お客様をほめましょう」と言うと、「歯が浮いたセリフみたいになってしまう」「何をほめていいのかわからない」という悩みがよく出てきます。

誰に対しても同じように「今日もきれいですね」「いつも男前ですね」と言うのは、「ほめる」とは違います。そこに感情があまり伴っていないからです。

言われたお客様も、「またまた。誰にでも言ってるんでしょ」「調子のいいこと言って」と、嫌な気分にまではならずとも、社交辞令だと受け取られがちです。

そこで、まずはお客様をよく観察してから、次に興味を持つというステップをおすすめします。

基本的に「ほめる」ことは、お客様自身がきれい、男前といったことよりも、**身につけておられるものなど、お客様の所有物のほうがほめやすい**です。

私は、洋服やアクセサリーやバックをよくほめていました。男性の場合は、時計です。じっくり観察していると、そのお客様の「こだわりポイント」が見えてくるものです。これは感覚で感じる部分が大きいのですが、だいたい外れません。見た目だと、パッと目がいくもの、高級そうなもの、変わったデザインのものがこだわりです。

住宅リフォームの営業ではそれがとてもわかりやすかったです。「家をきれいにしたい」という方がリフォームを考えます。つまり、家にこだわりのある方です。

なかでも、玄関先やお庭をきれいにされている方は本当に多かったです。「庭のお花、とてもきれいですね」と伝えると、それが、「庭をほめてもらっている＝庭をきれいにした私をほめてもらっている」というようにつながっていきます。

それから、玄関の下駄箱の上のスペースに飾ってあるものは、まさにお客様のこだわりです。私はこのスペースを「見て見てエリア」と名づけていました。絵やお客様の手づくり品、置物、写真など、「ほめる」対象の宝庫です。

ここにまったく触れずに営業をはじめてしまうなんて、もったいない！　正直、その後の契約率にも影響すると私は思っています。会社であれば、入ってすぐのスペースや応接室に飾られている立派な絵や書の額がほめるポイントです。

このように、目に入るものをよく観察して興味を持って「ほめる」ことが「共感」を得る近道ですが、それが難しいという方には、質問することをおすすめします。

「この絵は○○さんが描かれたんですか？」
「この写真は○○さんのお孫さんですか？」
「お庭にきれいに咲いていたお花は何という名前なんですか？」

「時計のデザインが変わってますよね。海外の時計ですか？」

お客様は営業マンが自分のこだわりの品に興味を持ってくれたことを喜んでくれます。そうすると、その後の会話も弾みます。

挨拶の後、早い段階で「ほめる」を意識するといいでしょう。ほめることが苦手という方は、やはり経験が少ないのです。

ほめることは慣れなので、ある程度は意識して言う、つまり、最初は練習する必要があります。自転車の運転や水泳と同じですね。頭で考えていても、ノウハウばかり学んでも、なかなかできないものです。実際に何度もやってみて、身体で覚えたほうが身につきます。

さらに、ほめることへの苦手意識をなくすためには、「ほめられる」ことにも慣れる練習も必要です。

私は「ほめる」と「ほめられる」はワンセットだと考えています。ほめられると、恥ずかしいからか、習慣からか、否定してしまう方も多いのですが、これは先述の「会話はキャッチボール」を考えると、相手がこちらに向かって投げてくれたボールをわざと取らないということになります。すると、会話は途切れてしまいますし、相手は受け取ってもらえなかったことで悲しむでしょう。

ほめられたら「ありがとうございます」と、いったん「受け取る」ことをしてみてください。もちろん笑顔でしましょう。すると、そこからとてもいい雰囲気で話がはじまったりします。そして、ほめられたらほめ返すということをしてみてください。「ほめる」「ほめられる」で、お互いの「ノリ」がよくなり、「共感」につながります。

否定の言葉は「ノリ」を壊す

「ノリ」を壊してしまう要因に、お客様の意見を否定することがあります。これはいい雰囲気がいっきに悪くなってしまうので要注意です。

社会人になって間もない頃、接客研修で教えてもらった話法のひとつに「イエス・バット法」がありました。

例えば、商品をすすめている時に、お客様が「今は欲しくないのよね」とおっしゃったら、「そうですか。でも、お客様〜〜」というように、いったんは、「そうですか」「そうですね」と受け止めるけれど、すぐさま「でも」「しかし」と否定して、自分の言い分（商品説明）を言う方法です。

この話法の特徴は、すぐに否定をしないということでした。確かに、営業以外でも話をしている時に「でも」「しかしながら」「そうはおっしゃいましても」などの否定や、「だって」「どうせ」などの言い訳を引き出すワードは、話がよい方向にはいかないものです。

だから、反対意見を言う時も、いったん「そうですね」と相手の意見を受け取ってから自分の言いたいことを言うのがいいというものが「イエス・バット法」です。

初めて教えてもらった時、私は素直に「これはすごい技だ！」と思いました。その方法をロールプレイングで練習すると、いったんは欲しくないとおっしゃったお客様でも、商品を買いたくなるという台本でした。そうか！「イエス・バット法」を使えば、どんなお客様も商品が欲しくなるんだと、自信が湧いてきました。

早速、次の日から使ってみました。化粧品の店頭販売では、お客様は買いたいものを決めて来られることが多かったので、化粧水を買いに来られたお客様に、「さらに美容液を使うと効果がありますよ」と提案をしてみました。するとお客様が「でも私、面倒くさがりだから、やることが増えるのはちょっとね」とおっしゃいます。

すかさず、ここだ！　と思った私は「そうなんですね。でも、美容液を使うと化粧水自体の効果も高くなるんですよ」と自信満々で言いました。すると、お客様は「うーん、それはわかるんだけど、面倒くさいから結局使わない気がして」と答えます。

あれ？　ロールプレイングの台本では、ここでお客様が少し興味を示すはずなんだけど……、言い方が悪かったのかな、もう1回！

「そうなんですね。でも、とにかく1回、使ってみてください」と言うと、お客様はムッとされて「化粧水だけでいいです」と断言されました。

ほかのお客様にも何度か使ってみましたが、ほとんどがこんな感じでうまくいかないのです。使えば使うほど気まずい雰囲気になります。

冷静に考えてみると、この言い方ではお客様のおっしゃることをちっとも理解していない、お客様の気持ちを無視して、結局は売り手の主張を通しているだけだと気づきました。

これではお客様を不快にさせてしまっても仕方ありません。

そこで、お客様がおっしゃる問題を解決する提案をすればいいとわかったのです。

本来は、「バット」の後にそうするとよかったのかもしれません。ただ、人は会話の中で「でも」と言われた瞬間、「反対意見を言われる」と思ってしまいます。そうすると無意識に気持ちが戦闘態勢になってしまうのです。「でも」という言葉は、気軽に接続詞のように使ってしまいがちですが、発展的な会話を生み出しません。

では、何か代わりのいい言葉はないでしょうか。

それが、**「もし」「例えば」を使う「イエス・イフ法」**です。早速、先ほどの例に当てはめてみましょう。

化粧水を買いに来られたお客様に、「さらに美容液を使うと効果がありますよ」と提案をし、お客様が「でも私、面倒くさがりだから、やることが増えるのはちょっとね」とおっしゃったその時に、「そうですよね。もし、美容液をプラスすると最後の栄養クリームを使わなくていいとなったらどうでしょうか？」と言います。すると、「え！クリームなしでいいの？　ということは、クリームが美容液に代わるってことね」と発展的で楽しい会話になります。

また、ほかにも「例えば、この美容液が美白効果のあるものだったらどうでしょう?」「もし、この美容液を使って期待以上に効果があったという方の声があったら聞きたいと思われますか」とも言えます。

すると「美白も一緒にできちゃうの?」「なになに? そんな人がいるの?」と、いずれも、お客様が興味を持ってくださり、会話が広がっていくのです。

「イフ」は未来の姿をイメージさせる言葉なので、「でも」「しかしながら」「いや」とお客様の言葉を否定しそうになったら、ぜひ言い換えて「ノリ」を壊さないようにしてください。

Part 4

自分を守るために「共感の根まわし」をしよう

「共感の根まわし」があなたの営業を救う

「根まわし」という言葉には、いいイメージがないかもしれませんね。だけど私は、営業マンにとっての**「根まわし」は、お客様への「配慮」**だと思っています。「共感」の営業の実現には、根まわしが大事なんです。「根まわし」を他の言い方で表現すると「下ごしらえ」「調整」「すり合わせ」という言葉になります。そう、まさに共感営業をスムーズに実現するための「下ごしらえ」です。

私が初めて法人向けの営業をした時、まずはテレアポからはじまりました。毎月発行する地域情報紙の「七五三特集」のページに写真館の広告出稿を集めるため、すでにリストアップしてあった電話番号に片っ端からかけて、主旨を説明し、アポイントをとるという作業でした。

やったことがない私は、「嫌やなあ」と思いつつも、やるしかないので、上から順に電話をかけてみました。会社と情報紙の簡単な説明をした後、「次号で七五三の特集をしますので、ぜひ広告を掲載されませんか?」と伝えます。

「今、忙しいから」「社長が出かけてるから」「うちは広告しないから」とさまざまな断わり文句が返って来て、少しずつ凹んでいきます……。

反応してくれるのは、まだいいほうで、テレアポを進めていくと、次のような返事があり、その言葉の裏側が突き刺さります。


「うちは航空写真専門ですよ」↓そんなことも調べずにかけてきてるの？　失礼だな。

「去年閉店しましたけど」↓嫌味か？　感じ悪いなあ。

「七五三はやってません！」↓こっちは忙しいんだよ！


「すみません！」と謝るものの、落ち込む一方です。

同時に、「電話を1件かけるのにものすごく勇気を出しているのに、こんな断られ方をされるなんて時間も労力もすごい無駄」と思ったのです。

それで先輩に正直にこの気持ちを相談してみました。すると、「前川さんの言いたいことはよくわかる。でも、リストアップする段階でそこまで選定するのは難しいし、時間もかかってしまう。私は、今回の営業内容には合わないと思われる店や会社が入っていたとしても、リストアップをしてあるほうが営業がやりやすい」と言われました。

周りの営業マン何人かに聞いても、「営業って断られるのが普通でしょ」「リストアップの作業って面倒くさいから、やってもらったほうがラク」と言われました。

仕方なく、その後の違う特集の営業でも同じようにやっていたのですが、どうしてもやりにくいので、違う方法ができないのかと考えました。

営業は手法よりも売上を上げるという結果が大事なはず。それなら自分でリストアップもすれば、もっとアポがとれるのではないかと思ったんですね。そこで、思いきって上司にそのことを伝えることにしました。


会社に自分のやりたいことを提案する時のコツがあります。それをやることで、**会社にどんないいことがあるのかという、会社にとっての明確なメリットを伝える**ことです。承認を得やすいのは、「売上アップ」か「経費削減」です。自分のためというよりも、会社のための提案であることを強調します。

これは、「売れる営業のノウハウ」と共通しています。会社への提案もお客様への提案も、交渉術であり、プレゼンテーションです。それは自分のためではなく、相手のためでなくてはなりません。そう、これがまさに「共感の根まわし」なのです。

私は、自分がリストアップ作業から担当することでアポイントの確率を上げて、さらに売上もアップができることを上司に伝えました。もちろん初めてやることなので、何の根拠も確信もありませんが、ここは「やります！」という思いと明言が大事です。

　すると上司は、「そこまで言うならやってみなさい」と言ってくれますし、自分でも言った責任があるので、「頑張ろう！」という、いいプレッシャーになります。


　こうして、晴れて自分の提案が通った私。その後、何をしたかというと徹底的なリサーチです。はじめから断られない確率が高いリストをつくることにしたのです。そうすることで、**「無駄に傷つかない営業」**ができるからです。

　会社の営業スタイルにどうしても合わない、ストレスを感じてしまう、と悩んでいる方は、自分に合う営業方法を進めてみるのもいいでしょう。その時は、「共感の根まわし」をすることを忘れないでください。

法人向け営業での「共感の根まわし」

　法人向けと一般客向けでは営業方法が違います。しかし、共通する部分も多くあります。なかでもまずはお客様のことを知ることが大事です。

その点では、法人向けのほうがリサーチはしやすいです。売りたい会社や店をリサーチし、リストアップすることができるからです。

私の場合、まずは話を聞いてくれる可能性が少しでも高いお客様を集めようと決めました。それは、広告営業の時に、「うちは広告はいっさいしていません」と言われることがよくあったので、そういう発注の可能性がなさそうな会社は最初から外したかったのです。

そこで、相手を知るために徹底的に調べました。リストアップすることに、膨大な調査の時間を費やしたのです。営業職でありながら、一歩も外に出ずに一日中パソコンに張りついていたこともしょっちゅうでした。

これは、**「必要でないお客様にはアプローチしない」というお客様への配慮をするための「根まわし」**なんです。その順序と具体的な方法をお伝えします。

①まずは売る商品の内容をしっかり理解する

営業は、商品があるところからスタートします。通常はマニュアルトークがあって、ひとりでも多くの人に片っ端からアプローチしていくという営業方法が多いでしょう。要するに、「数をこなしていく」ことですね。しかし、私はより確実に売りたいので、商品に共感していただける人を探すために準備しました。

そのために、商品の内容、経緯や特徴や強みや他社との違いを、先輩に聞いたり、社長に聞いたり、買ってくれたことがあるお客様に感想を聞くなどして、自分なりにしっかり調べて、理解しました。

②内容に合いそうなお客様や店・会社をイメージング

①の結果を踏まえて、この商品を必要とする、喜んでくれる顧客は誰なのかを想定します。同時に、実際に買ってくれたことがあるお客様がどんな方なのか、どういう共通点があるのか、どんな感想を持ってくれているのかを顧客視点から分析します。

③ホームページをチェック

対象の店や会社のホームページのデザイン、更新履歴、社長の声、スタッフ情報をチェックします。

広告営業の時は、ホームページにお金をかけている会社からは受注がいただきやすかったです。一方で、古くさいデザイン、素人がつくったような安っぽいデザイン、更新情報が何年も止まっている会社などは、新しい営業を受け入れにくい体質の会社であることが多かったので、リストから外しました。

一方、ホームページに載っている「**社長の声**」は私がもっとも重要視しているページです。社長の顔写真を載せている（しかも笑顔の写真だとなおよい）、そして、ありきたりの文章ではなく人柄がよく伝わるメッセージを掲載している店や会社は、営業を冷たくシャットアウトしない会社であることが多かったのです。

法人営業で一番怖いのは、お金を回収できないことです。自慢ですが、私は今までの20年以上の営業経験の中で、「未収」つまりお金がもらえなかったことは一度もありません。法人営業の場合、倒産やクレームで全額あるいは一部がもらえないことも実際にあるのです。

しかし、中小企業への新規営業の場合は、その危うさを外から判断するのはなかなか難しいのも確かです。私は、ホームページに社長の顔写真と独自のメッセージがあるかどうかをひとつの基準にしていました。なぜ、そこを重視するようになったかというと、ちょうど住宅リフォーム営業の仕事をしている時に、「悪徳リフォーム」がニュースを騒がせていました。訪問営業で住宅リフォームを売って、手付金を数百万円もらったまま工事をしに来ない。名刺の電話番号にかけても「この電話番号は現在使われておりません」と言われ、実際に名刺の住所の事務所に行ってみると、架空の住所だったり、引っ越した後だったりするような被害が何件もあったのです。

私はお客様の不安や不信をどうやって払拭すればいいのかと考えました。だます会社とそうでない会社はどこが違うのでしょう。

調べてみると、だます会社は社長の顔写真も名前も表に出ていませんでした。そこでチラシやホームページに名前と顔写真、メッセージを出すということは、覚悟がある、良心的ということではないかと予測を立てたのです。

お客様も、**「顔が見えると安心」**とおっしゃる方が多いです。また、ホームページに社長ブログが併設されている場合もあります。**ブログはダイレクトに人柄が見えるものです。**営業時の話のネタにもなるので、ホームページよりも要チェックです。

さらに、ホームページにスタッフを登場させている店や会社の社長は、人を大切にしています。スタッフは定年退職まで店や会社にいないかもしれません。そんなスタッフを表に出すという決断は、かなりの信頼と思い切りがないとできないでしょう。そんな社長は心の広い方が多く、営業マンの話をきちんと聴いてくれる人ばかりでした。

④検索で社長のフルネームと店（会社）名をチェック

便利な時代になったものです。今は、インターネットの検索で、一度に多くの情報を短時間で集めることができます。しかし、ホームページもブログもあくまでもその店や会社の一方通行の発信です。

そこで、**その店や会社のお客様の声を見て、双方向から判断をします**。社長のフルネームを検索すると、ブログ、フェイスブック、ツイッターという本人が発信しているサイト以外にも、記事に紹介されているか、何らかの受賞歴やどこかの団体の役員になっているかなどまでわかります。また、フェイスブックでは公開設定にもよりますが、交友関係や毎日の様子などまでわかるので、さらに詳しい人柄を把握することもできるのです。

業界によってはお客様の声がたくさん載っている口コミ情報サイトもあります。情報を鵜呑みにするわけではありませんが、やはりあまりにも悪い評価ばかりが並んでいる店や会社の場合、私は営業を見合わせることにしています。

⑤可能なら先にお客様になる

法人営業で、私が売れる営業マンになれたコツのひとつに**「買ってもらうよりも先にこちらが買う」**ということがあります。

これは、買って欲しいから仕方なく付き合いで買うという発想ではありません。**「共感」したいから、その店や会社がどんな商売をしているのか実際に体感したい**という想いが大きいのです。だから、飲食店であれば食べに行く、美容室なら髪を切りに行く、物販なら何かを買う、保険会社なら相談に行く、ホテルなら泊まりに行く、などなど、どんどんお客になりました。

住宅リフォームや不動産など、大きな金額の商売の場合も、小物を売っていることもあるのです。

先にお客になって仲よくなると、とても大切にしていただけます。ただただ売り込みに来て一方的に買ってくださいという営業マンと、先にお客になる営業マンとではどちらとお付き合いしたいと思うでしょうか。答えは明確ですよね。

また、お客になると、スタッフの応対を観察、分析してから、営業をするかしないか、するとしたらどんな営業にするかという、準備ができます。情報は簡単に手に入るのですが、ホームページやブログで発信されていることと、実際の現場とのズレもあるので、自分の感覚で確かめるのが一番です。

スタッフが素晴らしい接客マナーの場合、求人や人材教育にお金をかけている可能性が高いです。私の経験では、そのような場合は利益が出ている会社であり、社長が話を聴いてくれる人であることが多いです。ズバリ、営業しやすい会社といえます。

⑥以上から、どうしたら社長とアポイントがとれるかを考えて実行する

最後のポイントは「決定権を持つ人」と会うことです。店の場合は、オーナーが店頭に出ていることも多かったので比較的アポイントはとりやすかったです。ただ、会社の場合は、社長が表に出ていないことも多くて、どうしたらアポイントがとれるのかを考えました。こちらの具体的な方法については5章でお伝えしていきます。

これらの「共感の根まわし」をした結果、アポイントがどんどんとれるようになりました。相手がどんな店や会社か知らずにおそるおそる電話をかけていた時とはまるで違って、詳しく知っている分、自信がついたのです。堂々と話せるから、社長につないでもらえる、社長と話したら「そこまでうちに興味を持ってくれてるのか」と感激していただける。もちろん、こうなるのは100％の確率ではありませんが、しっかり調べているのできつく断られることがなくなりました。

さらに、アポイントをとる時には「とりあえず会ってください」ではなく、**「御社に合った広告提案ができるので、聞いて欲しい」という、「売りに行きます宣言！」をしましょう。**

こうして、会う人は私の話を聴きたい人、話を聴いてくれる人は買ってくれる人、という確率がどんどん上がっていくと、営業はとても楽しいものに変わっていきました。

一般客向け営業での「共感の根まわし」

私は、法人向けでも一般客向けでもトップセールスになりましたが、「共感の根まわし」はどちらにも共通して使えるスキルです。

一般客でも、やみくもに当たっていくよりも、買いそうな人をはじめから集めるほうがたくさん売れる点は法人と同じです。しかし、「インターネット検索が使えないじゃないか、どうやって顧客をリサーチしてアプローチすればいいの？」という疑問が出てくるでしょう。
確かに、法人のように簡単にホームページなどで情報が入るわけではないので、工夫が必要です。私は、工務店では一般客に住宅リフォームの営業をしていましたし、法人営業の時も広告企画を売っていたので、「広告でどう集客して売るのか」という一般客に営業する方法を指導していました。一般客向けの営業についても、とにかく事前にマメに調査をすることが「売れる」ことに直結します。

「営業」という仕事で一番大事なのは、商品を必要とする人を探して伝えて判断してもらうということです。そのために、商品の特徴、売りたいお客様のこと、探す方法、売る側の想い、お客様のメリットを知り尽くしていることが大事なのです。

①まずは商品の内容をしっかり理解する
②誰に買って欲しいのかをイメージング

この2つの部分はどんなお客様対象の営業でも共通しています。一般客の場合は、人によって価値観がさまざまですので、響くポイントが違ってきます。ですから、「商品やサービスをつくったから誰か買って」という**売り手目線の「プロダクトアウト」発想**よりも、「どんなお客様が欲しいのか、手に入れたら喜んでくれるのか」という**買い手目線の「マーケットイン」で考えていく**必要があります。

誰に買って欲しいのかを決めたら、その人が起こしやすい行動を調べます。その人は、どこにいるのか？　何を見て買い物をするのか？　どうやって出会えばいいのか？

その行動を予測して営業します。

確実なのは、すでに買っていただいているお客様のなかでも、お得意様、何度も買ってくださる方のなかから、特に理想としたいお客様を選び、その方がどんな行動をされているのかをイメージすることです。可能なら聞いてみるのがいいでしょう。例えば、次のようなアンケートをとります。

- **なぜ、ほかの店（会社）ではなく、私の店（会社）を選んでくれたのですか？**
- **何を見て店（会社）を知りましたか？**
- **どんなところに魅力を感じますか？　どの商品が好きですか？　なぜですか？**
- **もっとこんな商品やサービスがあればいいな、と思うことはありますか？**

・友達に紹介したいと思いますか？　その理由は何ですか？

私は、よく店頭にあるアンケート、特に３～５段階で選ぶようなものや、アンケートを書いたら粗品やクーポンを渡されるものは、意味がないと感じています。それらのアンケートで、店や会社のことを真剣に考え、思って書いてくださる方はどのくらいいらっしゃるのでしょうか？

店や会社は何のためにアンケートをするのでしょう。お客様の本音を聴くためだとしたら、こちらから聴かせて欲しいお客様に直接お願いするほうがいいのです。

何度も買ってくれているお得意様はあなたのファンになっているので、アンケートに喜んで協力してくださいます。そのお客様の答えが、リアルな声です。その方の行動に合わせて告知をすると効果的なのです。

ここ最近、フェイスブックでの販促が注目されています。一時は「フェイスブックを使わないと、乗り遅れる！」という声をたくさん聞きました。実際、私が関わったある商工会議所でのフェイスブックセミナーでは、１００名を超える史上最多の申込数を記録しました。

しかし、**「買って欲しいお客様は、フェイスブックを見ているのか」**と考えてみてください。例えば、30代前半の子育て主婦層は、フェイスブックよりもミクシィを見ているという統計があります。また、どんどん新しい情報源が登場するので、常に時流を意識する必要があります。60代主婦ならインターネットよりも、新聞広告のほうがいいでしょう。実際に想定するお客様が何を見ているのか、どんな行動をしているかを事前にリサーチすることが大事です。

そして、発信する時には対象者に響く言葉を使わなければなりません。どんなものに反応するのか、どんなことに興味があるのかを知っておいてください。

私がよくやっているのは、その**顧客層の好きな雑誌の分析**です。雑誌は、読者層のコンセプトがはっきりしています。例えば、30代女性向けの雑誌でも、バリバリ働く女性向け、セレブな専業主婦向け、幼児を持つ母親向けなど明確に分かれているのです。そしてその特集の内容、表現、言葉の選び方、広告などもまったく違っているものです。男性雑誌も、女性誌ほどの種類はありませんが、読者対象と特徴が分かれています。

ほかにはインターネットや新聞で世代の動向が紹介されている記事をチェックしたり、対象の世代が集まっているサイトを見て、意見を拾ったりして、参考にします。

このように、お客様のリアルな声を聴いて、さらに裏づけをとっていくという方法で、買っていただきたいお客様の思考と行動を想像して、販売促進や営業で使う話のネタやキャッチコピーや言葉を決めていきます。

そのために、常にアンテナを張って情報収集をすることも大事です。これらの「共感の根まわし」は地道な作業ではあるけれど、「売れる」という明るい未来が待っています。それをイメージしながら進めるとワクワクする楽しい作業になります。

「根まわし」に必要な情報収集術

このように営業マンにとっての「根まわし」は情報収集が肝になります。

法人でも一般客でも、買っていただきたいお客様に響く話題やキャッチコピーなどを探る「ネタ探し」。どのようにやればいいのか、集め出すといくら時間があっても足りませんね。ここで、「情報通」と言われるまでになった私の方法をご紹介します。

●雑誌の表紙

新聞広告で見たり、実際に書店に行って雑誌の表紙をチェックします。特に、女性誌ほど女性の購買心理を考えられてつくられているものはない！　と思うくらい、素晴らしいつくり込みだと感じています。特集はもちろん、言葉遣いも参考になります。次は、これが流行するんだなという指標にもしています。

●インターネットニュース

政治経済はもちろんですが、芸能ニュースも見ます。実は私、かなりの芸能通です。しかし、ただ好きなだけではなく、**芸能界で起こっていることは一般社会の一歩先を行くことだという視点**で見ています。

芸能人の売り方・プロモーションはマーケティングとして学ぶ部分も多く、自分なりの視点を入れてお客様に伝えると、話が盛り上がることもよくあります。お客様に合わせて引き出しをたくさん持っておくようにしています。

●新聞の週刊誌広告

普段は週刊誌を読みませんが、新聞広告で把握しています。特に気になる情報があれば、さらにインターネットで検索して気の済むまで調べます。

●電車の中吊り広告

これが私が電車に乗る時の楽しみです。女性週刊誌だけではなくて、政治経済系のゴシップ誌広告も意外と多く、正統派ニュースではない裏側の視点を持つことができるので、こちらも知っておくと話題が広がります。

●街の人の会話、ファッション

聞き耳を立てているわけではありませんが、聞こえてくる会話があります。親子の会話、女子高生の会話、サラリーマンの会話。すべてがネタの宝庫です。特に対象客ぴったりの層を発見した時は、**会話以外にも表情や態度、そしてファッションや持ち物**も、失礼にならない程度にチラ見しています。特に**買い物袋**を持っている場合は、どこで買い物したのかわかりますので、これらもマーケティングとして使えるネタが増えていきます。

●店員の接客

自分が買い物をする時に、よく店員さんを観察します。もっとこうしたらいいのにな
と専門的な視点で見たり、逆に素晴らしい接客の時は感心して見ています。
反応を見たいので、ついつい話しかけてしまいますが、邪魔はしていないですし、変な客ではないはずです。最近、素晴らしいと感じているのは、スターバックスコーヒーの接客です。マニュアルトークではなく一人ひとりが自分の言葉で話しているスタッフが多いなと感じます。「今日は暑いですよね。いつまでこの暑さは続くんでしょうね」と、最高の笑顔で話しかけられると、コーヒーだけのつもりだったのに甘いものも買ってしまったり。即、売上アップですね。

●**テレビ**

実はテレビはあまり見ませんが、**新聞の番組表**はじっくり見ています。特集の内容を見て最近の流行の傾向をつかんでいます。

●**新聞**

全体は目を通す程度ですが、きちんと読むのは、**読者の投稿**です。名前で性別がわかりますし、年齢と職業も載っているので、時事ネタに対する本音を見て、いろいろな立

場からの視点、意見を知ることができます。

●**フェイスブック**

たくさんの人が、同じニュースをシェアできるシステムなので、**「その話題の何が響いたのだろう？」**と考えて見ています。感動話やなるほどネタが多くて、私自身、気づきを得たり、勇気づけられたりすることもあります。イベントもたくさん集まるものなどを見て、「こういうのが今、求められてるのね」と大変参考になります。

●**美容室の週刊誌など**

2ヶ月に1回程度ですが、美容室に行ったら美容師さんとの会話は必要最低限のみ。**美容室にあるすべての雑誌を読む勢いで目を通します。**さらーっと拾い読みするのです。週刊誌やゴシップ誌も多く、ファッション雑誌や主婦向けの雑誌も置いていますので、各世代いろいろな人を対象にした情報を網羅的に集められるのです。

●**セミナー&懇親会**

セミナーの場合は、知りたい情報を自分から集めに行くという目的で参加します。基本、セミナーでは、ひとつでも自分らしくできる行動ノウハウを得られたらいいと思って参加しています。

意外と、**ネタになるのは終了後の懇親会**のほうで、お酒が入ると本音を話す人が多いからです。同じセミナーを受講した人から聞く感想や意見はとても参考になりますし、講師もセミナーでは言えなかった裏ワザのようなものを教えてくれたりと、お得なこともありますので、セミナー後の懇親会はぜひ参加してみてください。

●ビジネス書

昔から私のネタ集めの王道です。タイトル、キャッチコピー、デザインなどなど、ビジネス書の表紙はマーケティングの宝庫だと感じています。

新刊チェックは欠かしません。大型の書店で実際に見るのがおすすめです。いい場所にたくさんあるのが、売れている本や注目されている本です。**売れている本には売れている理由がありますので**、チェックをして想像をふくらませます。

また、アマゾンなどのインターネット書店で読者の感想を参考にして、自分の営業に活かせそうと思ったら、本を読むのも楽しくなります。

このように、**情報収集は特別に時間を取ってやるものではなくて、仕事の隙間時間やプライベートな時間にこそできるもの**です。

これらの情報収集で私は、「おっ！」と思うと、すぐにメモをします。インターネットの場合は印刷したり、新聞や雑誌の場合は切り抜いてノートに貼ったりもします。たくさんの情報があるので、ここまでしないと忘れてしまうのです。

基本的に私は、仕事とプライベートをはっきりとは分けていません。仕事時間だけでやろうとすると、時間が足りなくなったり、しんどくなったりします。プライベート時間だと、リラックスしているので、情報に敏感になれたり、自分がお客目線になれるので、常にどこかにネタが落ちていないかなと、記者みたいにアンテナを張っています。

これは、自分のためではなくて、誰かのため（特にお客様のため）にやるのがおすすめです。仕入れたネタを、興味を持っている人に話してみる。すると、喜んでくれたりほめてくれたりします。そうすると、うれしくなって、また喜んで欲しいから集めようと思えるものです。

「根まわし」で応援してもらえる営業マンになれる

売れる営業マンになるためには、いろいろなことをひとりで抱え込まないほうがいいです。何でも自分でやろうとすると、時間がかかってしまったり、効率が悪くなったりします。ポイントは、**「人に頼る」**ことです。

しかし、営業職の方の相談にのっていると、「人に頼る」ことが苦手という人が結構多いのです。「どうやって頼ればいいのかわからない」「断られるのがこわい」「仕事を投げるような、いい加減な人だと思われたくない」「会社ではみんな、自分の仕事は自分ひとりでやっている」「説明する時間もかかるし、自分でやったほうが早い」などさまざまな理由があります。特に責任感の強い人は、すべての仕事を自分でやろうとする傾向にあります。

私の経験では、**「人に頼る」というのは慣れ**です。私もはじめは苦手だったからです。これは「営業」と似ていて、「共感」してもらえると喜んで応援してくれますし、そのための「根まわし」が有効だという点も似ています。

私が地域情報紙の広告企画営業に就いた当初は、すべてを把握したかったので、企画、リストアップ、営業、取材、制作、集金と、全力で関わっていました。デザイナー、ライター、カメラマン、総務担当者など、それぞれのプロフェッショナルがいたのですが、そのすべてを知って深く関わりたかったのですね。

そうすると、どんどんやることが増えて（自分が増やしてしまい）、毎日時間に追われるようになりました。目の前のことをこなすだけで精一杯です。毎月、営業会議では3ヶ月〜半年後の企画発表や売上予測発表がありましたが、私は「そんな先のことなんてわからない」と思っていました。

そんな時、無理が重なってとうとう体を壊してしまいました。仕事中、急にお腹が痛くなり、今までに体験したことがないほどの痛みに危機を感じ、病院に駆け込みました。検査の結果、今すぐ手術しないと大変なことになると言われました。しかし私は、「仕事を休めないので、今すぐは無理です」と医師に言うと、「あなた、命と仕事とどっちが大事なんですか！」とすごく怒られました。

10日ほど入院することになり、その間は仕事ができません。毎月発行している地域情報紙の広告企画営業だったため、もうすでに決まっているお客様に、私の都合で広告出稿を延期してもらうわけにはいきません。すぐに手術をと言われましたが、夜も遅かったし、仕事のこともあるので痛み止めの注射をしてもらって、手術を翌日の夕方にしてもらいました。医師には「あなたっていう人は……」とあきれられました。

私は今抱えている仕事を誰かにやってもらえるように、会社でお願いしなければ、と思いました。この時の私は、転職後9ヶ月でまだ新人社員。「人に仕事を振る」なんて考えたこともありませんでした。翌日会社に行くと朝イチに営業の皆が集まり、私の仕事を誰にどう分担するかという緊急会議になりました。現在の状況を説明して、各担当していただく方に引継ぎをしました。

しかしこれは、いわゆる期間限定の代役となっていただくということです。頼む人はすべてが先輩で、しかも、仕事をとったのは私なので営業成績は私のものになり、先輩には何のメリットもありません。

とても申し訳なく思い、「ご迷惑かけてすみません」と謝りました。すると、上司が「お互い様ですよ。今回は前川さんが体を壊したけど、この先ほかの人も同じようなことがあるかもしれないので、できる人ができる時にカバーするのは会社として当然です。これはお客様のためです。誰がどうなっても、会社としてお客様のために動くことが大事。それに、みんなで分担するから一人ひとりの負担はたいしたことないよ」

それを言われてハッとしました。それまで、自分ひとりで営業して自分ひとりでやってると思っていました。困っても悩んでもあまり相談することなく、自分で何とかしないといけないと抱え込んでいました。

でも、**主役はお客様**だ。お客様のために何がベストかを考えないといけない。これまで自分視点、自分発想だったことを痛感しました。私が入院中、皆さんが仕事を分担してくれたおかげで、何の混乱もなくスムーズに仕事が進みました。その結果、この月の売上は、私がダントツのトップになったのです。入社9ヶ月で、最高の売上記録をつくることになりました。

この経験があってから、**「人に頼る、振る」ということは悪くない、時には必要**だということがわかったのです。自分にばかり意識が向いていたから気づいていなかったのです。お客様のための最良の方法だと自分が思えば、そうしたほうがいいと思えるようになりました。

その後は、広告をつくる時、文章はライターさんに、写真はカメラマンさんに、デザインはデザイナーさんにお任せしようと腹をくくりました。私がいっさい何もしないというわけではありませんが、プロの部分はプロに任せようということです。

その間に私は営業の仕事に専念することができます。そう、**私の一番の仕事は売上を上げること**です。それが、お客様にとって、会社にとって、協力者にとって私が提供できる最高のものだとわかったのです。

自分がやるよりもプロにやってもらったほうが当然いいものができます。その結果、広告効果が上がります。それがお客様にとってもいいことなのです。

営業である私の役割はパイプ役でありプロデューサーです。お客様と直接会ってしっかりヒアリングをして、その想いをそれぞれのプロに伝えて、できてきたものを統合してお客様にとってベストのものにする。その結果、最高の商品を提供できるのです。

「人に頼れる」ようになるには、「応援してもらえる人」になる必要があると思います。そうでないと、お願いしても断られてしまいます。では「応援してもらえる人」になるにはどうしたらいいでしょうか。これには「共感の根まわし」が有効です。いくつか考え方のポイントをお伝えします。

●自分のためではなく、お客様のために頼る

●「下請け業者」と呼んで順位をつける発想を捨てて、協力者、仲間だと意識する

●頼る時に、自分も相手に何が提供できるか考える→「Win-Win 発想」あるいは「三方よし」

●誰かの負担が極端に重くなり過ぎないようバランスを考える→相手を常に気遣う

●応援してもらえる魔法の言葉、「教えていただきたいです」「感謝しています」「おかげさま」を使う

私は「根まわし」というのは**日本人的「配慮」の文化**だと思っています。「**共感の根まわし」はみんなが幸せになるためのもの**です。普段からマメに「根まわし」をすることで、困っている時、助けて欲しい時に「応援してもらえる人」になれるのです。

Part 5

お互いのハッピーのために「ほんの少し自己中」のすすめ

お客様を自分から選ぶ

「自己中心的（自己中）」という言葉は、「自分勝手」「わがまま」など、いい意味で使われることはないのですが、「共感」の営業では、**「ほんの少しだけ自己中」になることをおすすめします。**

「なぜ⁉」と驚かれたでしょうか。営業は、お客様の気持ちに寄り添い、ニーズに応えることが仕事です。とはいえ、何でもかんでもお客様の言いなりになるというわけではありません。

むしろ、言いなりになるのはやめましょう！　お客様の言われたことすべてに対応する、希望をすべて叶える、そんなのは無理な話です。無理なことを頑張ろうとして、その結果、営業がつらくなっては元も子もありません。

本章では、自分が楽しく、モチベーションを保ちながら営業するためにちょっとだけわがままになる、「ほんの少し自己中」になるアドバイスをお話しします。はじめは少し抵抗があるかもしれませんが、最後には納得していただけると思います。

最初のポイントは「お客様を自分から選ぶ」ことです。

「いきなりどうして⁉　買っていただく方がお客様ではないのですか」
「もともとお客様が少ないのに、選んでいたらもっと減ってしまう」

こう思われた方も多いでしょう。たしかに、朝から100件に片っ端から電話でアプローチした結果、アポイントをとって1日10件訪問するような営業スタイルであればそうかもしれません。

でも、私がおすすめしているのは**「はじめから確実にお客様になってくれそうな人に絞ってアプローチする」**こと。少なくても質のいいお客様を大事にする営業です。つまり、はじめから「いいお客様」を選ぶことが大事なのです。

考えてみてください。あなたにとって「質のいいお客様」とはどんな方でしょうか？　お金をたくさん使ってくれる人？　うるさく言わない人？　知り合いを紹介してくれる人？　あるいはあなたの専門知識が活かせる人？

答えはそれぞれでいいのですが、まずは、**自分の「理想のお客様像」を具体的に固めてください。**

イメージが明確になったら、次のステップです。その人のライフスタイルは？　趣味は？　休日は何をしているでしょう？　家族は？　その人にはどこに行けば会えますか？　あなたがどんな行動をすれば会えますか？

その人物について、細かく想像してみましょう。まずは勝手に自由にイメージして欲しいのです。

そのうえで、理想のお客様にどういうふうに売りたいか、**「理想の売り方」**を考える習慣を持つことをおすすめします。

住宅リフォームの営業をしていた頃は、理想のお客様の家族構成やライフスタイルなど、自分なりに想像してから訪問するようにしていました。家の場合は、外見から想像がしやすい（お花が好き、ドライブが趣味など）ですから、アプローチもしやすかったです。

地域情報紙の広告企画営業になって、売る相手は「会社＝法人」に変わりましたが、基本的なスタンスは同じでした。理想のお客様を思い描き、その会社のホームページを確認します。

4章にも書いたように、注目したのは社長の「想い」「理念」の部分です。そこでありきたりではない社長の人柄がうかがえるメッセージにグッときて、この社長に会って話をしたい！　つながりたい！　と思ったらすぐに行動を起こしました。**「ホームページの社長の○○○というメッセージに感動して、お話を聴かせていただきたいと思って電話しました」**と伝えると、社長も「そうか、そうか！」と喜んで会ってくれました。

実際、このアプローチ方法で訪問して営業し、社長が即決してくれたことが何度もあります。「一営業マンなのに、そこまでうちの会社に興味を持って、うちのことを考えて提案してくれるとは」と非常に喜ばれて、「よっしゃ、頼むわ！」と、買っていただけるのです。

どうしてこの方法がうまくいったと思いますか？　なぜなら、そこまでする営業マンは滅多にいないからです。

当時もライバル会社は、「数打てば当たる営業」や「マニュアル営業」が主流でした。

私は、**選びに選んで念入りに調査して、その会社だけに向けての「オーダーメイド営業」**をしていたのです。

自分の身に置き換えてみるとよくわかります。誰に対しても同じ言葉で売っている営業マンと目の前の一人ひとりに合わせて言葉をかけている営業マンがいるとしたら、あなたはどちらの営業マンから購入したいですか？　答えは明確ですね。

この「自分でお客様を選ぶ」営業スタイルにすると、いいことがあります。**長く付き合いたい人がお客様になるわけですから、お互いに心地よい関係が続くのです。**リピートもしてくれますし、紹介もしてくれます。つまり、営業成績がアップします。

そのために、こちらがすべきことがもうひとつあります。

「理想のお客様に合わせてメッセージを決める」ことです。

自分が使う言葉は、自分が思っている以上に重要です。なぜなら、言葉は強力だからです。お客様はこちらが出したメッセージに惹かれて反応します。

「安いですよ」というメッセージに惹かれてくるのは価格が大事なお客様。一方、「長持ちしますよ」ということを打ち出せば、大事に使いたいお客様が来られます。メッセージが違えば、お客様も違ってくるのです。そう、**今のお客様はあなた自身が引き寄せているのです。**

「メッセージに合ったお客様が来る」。これは、言い換えれば、**自分がどんなメッセージを出すかで、自分でお客様を選ぶことができるということです。**

「誰でもいいから売らなくては」と思っていると、誰にでもあてはまる曖昧な言葉を使ってしまいます。すると、いろいろなお客様が集まります。曖昧な考えを持った方々です。そのすべての人を満足させることは難しいでしょう。

私の経験ではそうでした。それどころか、話が進むと「期待しているのと違っていた」「ほかにもいいお店がありそうだから、行ってみる」などと言われて、お客様が離れていくこともありました。そうなると、お互いにとっていい気持ちではありません。

そうではなく、好きな人に売る。そしてそのお客様を大事にする。これはまさに「共感」ですね。お互いのハッピーを実現する「ほんの少し自己中」の第一歩です。

「個」対「個」の関係が信頼の決め手

私は、営業は「個」対「個」の関係だと考えています。「会社の一員としてお客様のところに行くのでは?」と思った方、確かにそうです。会社から渡された名刺を持って訪問しますものね。

しかし、**取引の基本は「相手」と「私」。ここできちんと信頼関係が成り立っていないと深い話はできません。**

私の考えですが、会話中に「弊社は」と言われると、「ん? 私の目の前にいるあなたは誰? 誰が言っているの? 弊社って誰?」と思ってしまいます。あえて距離を置かれているような気がするのです。これは、もっというと、何かトラブルがあった時に、「私は言ってません。会社が言ったんです」と、責任を取らない、予防線を張っているように感じてしまうのです。

「営業に個人を出してはいけない」と思い込んでいる方もいるかもしれません。しかし、はたしてそうでしょうか。

もしそうなら、わざわざあなたが営業する意味はどこにあるのでしょう。お客様は「あなただから」会ってくれて、「あなただから」話を聞いてくれるのです。

お客様は「あなた」から買っています。**あなたが信頼できるかどうかが一番の決め手なのです。**

新人営業マンは、商品説明がほとんどになり、「個人」としての意見は出さないケースが多いですし、私もはじめは教えられた通りにそうしていました。しかし、徐々に自分の意見を言うようにしました。お客様に質問されたら、「私が〜〜だったら、○○だと思います」とはっきりお答えしました。

「私＝前川あゆ」が目の前にいるお客様のことを考えて、お話を聴き、表情やしぐさを観察し、好みやライフスタイルを想像して、「私」の判断でおすすめする。

お客様にしてみたら「誰のためでもない、自分のため」のアドバイスです。それも専門家の根拠のうえに練り上げられたアドバイスですから、たいてい受け入れていただけて話が前に進みます。

一方、同じように、お客様の呼び方も考えてみましょう。

先日、ネイルサロンを利用した時のことです。予約をしているので、担当の方は私の名前を知っているはずなのですが、2時間近い会話中ずっと、名前ではなく「お客様」と呼ばれることに、違和感がありました。

確かに「お客様」には間違いありませんし、お客様すべてにその呼び方は使えますので、そう呼ぶことが便利なのかもしれません。

また、もう15年も前の話ですが、結婚式の衣装店に行くと年齢に関係なく、女性のお客様のことを「お嬢様」と呼んでいることにびっくりしました。お客の立場から言うと、個人の名前で呼んでもらったほうが、うれしい気持ちになります。

「お客様」よりも「前川様」と言ってくれたほうが、距離が近く感じますし、自分に話しかけてくれている思うと、聴き方も変わります。なにより、その後の「欲しい！」という気持ちや行動にも影響しますよね。

以前、リッツカールトンホテルに泊まった時に感動したことがあります。リッツカールトンと言えば、感動の接客術やホスピタリティが多くの書籍や講演になっています。「お客様にNOは言わない」「個々のスタッフがお客様の要望に自分で判断し、即回答する」というルールを聞いたことがあったので、ほかのホテルとどう違うのだろう？　と行く前からワクワクしていました。

ホテルに着いて、部屋からスポーツクラブに問い合わせをした時でした。内線電話に出たスタッフの方が、「前川様、ありがとうございます。いかがされましたでしょうか？」とおっしゃいました。

これにはとても驚きました。同時に「私は大切にされてるんだ」と特別扱いされているようなとてもうれしい気持ちになったのです。その後、他の施設はどうなんだろうという好奇心が湧いてしまい、数ヶ所に電話をかけてみたのですが、フロントはもちろん、ホテル内に入っている施設も店もすべて同じ対応でした。


つまり、本日宿泊しているお客様の情報がホテル内で共有されているのです。ほかのホテルや旅館では体験したことがなかったので、リッツカールトンがなぜこんなにも愛されていて話題になるホテルなのか、その理由をかいま見た気がします。とても感動した私は、この話をあちこちでたくさん口コミをしました。このような口コミもリッツカールトンの評価を上げているんだと実感しました。

初めて会ったのに個人名を呼ぶ。とてもシンプルなことですが、初めてお会いした方とも、すぐに和やかな雰囲気になれる方法です。

主語を「私」にして、お客様を名前で呼ぶこと。「個」対「個」の関係だからこそ「共感」の意識がお互いに深まるのです。**一番大事なことは、「目の前の人を大切にする」ということ**なのです。「ほんの少し自己中」が売れる営業として、うまく機能するのは、目の前の人を大切にするというベースがあってこそだということを忘れないでください。

アポイントは1日3件だけ。しかも社長と会う

業種にもよりますが、私はお客様とのアポイントは「1日3件」をおすすめしています。「営業は数をこなせ!」と聞き慣れている人からしたら、「1日3件だなんてあり得ない!」ですよね。でも、そのほうが結局は効率がいいのです。

例えば、10人にあたって、1件の成約ができたとします。それなら100人にあたれば10人とれるでしょうか? 計算上はとれますが、現実にはそううまくいくことはありません。契約がとれないと、ストレスがたまります。それよりも、**確実に契約してくれ**

そうな人だけに会うほうが無駄もストレスもグンと減ります。

私は、お客様をこちらから選ぶだけではなく、アポイント数も、1日3件（午前、午後一、夕方）に絞ります。1件につき約2時間です。これなら、ひとりのお客様にじっくり向き合うことができます。

お客様のことを知り、観察する時間がたっぷりありますから、こちらからも的を射たご提案ができ、納得・安心していただけます。その結果、高い確率で契約に結びつきました。

1日10件をこなすとなると、移動時間や休憩も考えると、ひとりのお客様に1時間もありませんね。1時間足らずではお客様のことを深く観察、想像する余裕がありません。自分のことを知ってもらうための時間も足りません。次につなげるにしても時間が少な過ぎると私は思います。これで契約をとれというほうが無理な話。初めてのアポイントでは、じっくりお客様に話してもらうことが、成約率アップにつながるからです。

1日3件と決めたら、次は時間をどう組むかです。これも「**自分の都合で決める**」のです。**移動時間が少なくて済むようにアポを組む**ことは大事だからです。

私もはじめはお客様の都合に合わせるのが当たり前だと思っていました。その結果どうなったかというと、無駄な時間ばかり増えるのです。こんな日もありました。朝一番に摂津市（大阪府北部）の会社から神戸の六甲道、そこから昼に京都の長岡京市、さらにそのあと大阪の心斎橋、最後に摂津市の会社に戻る——関西以外の方にはピンとこないかもしれませんが、東京から大宮、横浜を往復するようなハードスケジュールです。

高速を使ったにもかかわらず、渋滞もあって移動だけで7時間もかかってしまいました。しかも、お客様と話していた時間も少なくなり、合計3時間。移動のほうが倍以上もかかっていたのです。車に7時間も乗っていれば腰も痛くなりますし、疲れもたまってふらふらです。ほかの業務にも支障をきたしかねません。

このことをきっかけに、私は移動時間を減らすため、日によって動く地域を固めることにしました。

お客様のアポをとる段階で「○月△日の●時頃はいかがですか」とこちらから言ってみるのです。

お客様に会っていただくのに自分で日時を決めるなんて！　と思われるでしょうか。でも意外と、そのほうがスムーズに運びます。

実際、「いつでもご希望の日をおっしゃってください」と言うと、「いつがいいかしら」と悩まれるものですが、「○月△日の午後はいかがですか?」と聞いてみると、「いいですよ」「3時以降なら」など、すぐに答えが出ます。話も早いのです。

そもそも、お客様の希望を先にうかがってその通りにアポを入れたところで、特に喜ばれることはありません。お客様は、実のところ「いつでもいい」と思っている場合も多いですから。

しかし、**移動時間がもったいないといっても、電話で済ませることはしません。お客様と会って、顔を見て話すことはとても重要です**。それでこそお客様に響く提案ができるのです。余計な移動時間は短縮しても、大事なアポまでは決して削らないようにしてください。

ここでもうひとつ、重要なポイントがあります。**必ず「決定権のある人」**と会うということです。

以前、法人営業時代にこんなことがありました。アポがとれて訪問したところ、対応してくれた担当の方がとても感じのいい人で、私の話に「いいですね。やりましょう！」とノリノリで賛同してくれました。「早速、社長に言ってみます！」と約束してくださり、その日は好感触のまま帰りました。

しかし後日、電話をしてみたところ、「いや、それが社長に話すタイミングがなくて」と、はぐらかされます。「来週また」と言われて、再び電話をすると、やはり同じ。何度かやりとりするうちに、結局社長には言ってくれそうにないということがわかり、話自体がうやむやになってしまったのです。何週間もかけて、待たされて、その結果「不成立」とは、なんという時間の無駄でしょう。期待していただけに精神的なダメージも大きかったです。

そこで私は決めました。**「お会いするのは社長にしよう！」**と。決定権がない人に会っても、その先に進まなければ意味がない。「段階的に社長につないでもらう」のはやめることにしました。

「決定権を持つ相手に会って、できればその場で決めてもらう」という営業スタイルはこの頃からずっとこだわっていることです。

もし、「そんなの無理」と思った方。そう思った瞬間、人は思考をシャットアウトして、やろうとしなくなるので、もったいないことです。

「どうやったらできるんだろう?」と考えはじめた時から、失敗を繰り返しながらもチャレンジするのが楽しくなるのです。無駄に疲れない、ストレスフリーの営業をしたいならば、ぜひこの「はじめから社長に会う」という最強パターンを目標にしてみてください。社長に会う方法については、4章115ページ、「法人向け営業」を参考にしてください。

「プロ」だから、言うべきことはきちんと言う

営業の場面で、話がいい感じに進み、お客様に「値引きできる?」と聞かれた場合、「はい。すぐに持ち帰って上司と相談しまして……」とは答えずに、その場で即、答えるほうがいいでしょう。

せっかく買ってくれそうな流れになったのに、いったん会社に持ち帰って、相談して、返事を伝える頃にはお客様の買う気がすっかり失せている、なんてこともあるからです。営業は、スピードも大事なのです。

そこで、せっかくのチャンスを逃さないためにも、**営業に出かける前、あらかじめ「値引きは○%までＯＫ」ということを会社・上司に掛け合っておきましょう。**お客様に聞かれた時に、その場で「○○円までなら頑張れます」と返事ができれば、**「決裁できる人」として信頼してくれます。**お客様との関係を築くうえで、このことは大事なポイントです。

また、無理だと思ったことは、はっきり「無理」と言いましょう。できないかもしれないこと、できそうもないことについて、お客様に期待させるのはＮＧです。

値引きをしない方針なら、「値引きはしていないんです」とその場で言うのです。「できないの？」と言われると、つい曖昧にして「会社で一度相談しまして……」とその場をやり過ごしたくなりますが、ここで期待させてあとで「ＮＯ」の返事を伝えるほうが、お客様をがっかりさせてしまいます。できないことはその場でさらっと言いましょう。お客様もそのほうがすっきりするでしょう。

ちなみに、「値引きはしない」という方針でも、まったく問題はありません。お客様に「ここから安くなるの？」と聞かれた時、「これが精一杯なんです」と言っても、意外と「そうなのね」とすっと引いてくれます。「安くなったらラッキー」という感覚で、一応言ってみるというお客様も多いのです。つまりこれは、お客様が購入を金額のみで決めているのではないということです。

商品やサービスや営業マン自身に価値を感じて購入を決めてくれている場合、お客様が金額や値引き額で決断を左右されることはありません。

大事なのは、人によって「できます」と「無理です」の基準を変えないことです。ルールは自分主体。個々のお客様に合わせて変えていると、収拾がつかなくなります。基準をしっかり決めて、それを通しましょう。

ここからは「プロ」としての意識の話になります。

広告や住宅リフォームなどの場合、注文をいただいてから商品をつくっていくので、制作過程でお客様に意見をうかがうことがよくあります。時々、何から何までお客様に決めてもらい、その通りに進める営業マンがいます。例えば住宅リフォームならば、壁紙の色はどうしますか？　タイルは？　襖は？　などなど、すべての場面でお客様の答えを待つ人です。これはダメなパターン。

基本的にこちらから決めてお客様に提示しましょう。**お客様から「○か△、どちらがいいでしょう?」と聞かれたら、「私は○がいいと思います」とはっきり言うのです。**

なぜかというと、我々はプロだからです。プロとして、専門知識と経験があります。経験に裏打ちされた自信もあるでしょう。当然、お客様より商品について詳しく知っています。こちらから決める、お客様に頼られることがプロの証ではないでしょうか。もちろん、それなりの勉強、準備が必要なのはいうまでもありません。

お客様と営業マンは同じところを見ているように見えて、立ち位置は同じではありません。営業マンはゴールがわかっています。お客様のイメージがゴールに到達できるよう、先導する構えと知識が必要なのです。

私も住宅リフォームの営業をはじめた当初は、自分で決められず、全部お客様に意見を聞いていました。かといって、選択肢が多過ぎてお客様もなかなか決められないので、決まるまで辛抱強く待っていました。

待って、待って、やっとわかったのです。待つだけでは何も決まらないということが。そこで、私のほうから適切な選択肢をいくつか絞って提案することにしました。そうすることで、お客様も考えやすく、ほかの人にも相談しやすくなります。

さらに、お客様が決めた通り、選んだ通りに進めればそれでいいかというと、そうではありません。プロの目から見て「それは違う」「それはおかしい」などと思うならば、お客様にきちんと指摘することも、プロとしての役割です。

例えば、広告企画営業の時、地域情報紙に掲載する広告を依頼いただきました。あるお客様から、「どこよりも目立ちたいから、赤と黄色を使ってとにかく派手にして」と言われましたが、それが逆効果だと感じたので、「目立っても内容を読んでくれなかったら意味がありませんよ」と、理由を伝えて、効果が出る別の方法を提案しました。

ほかにも、地域情報紙では1ページに同業の広告を並べることが多いのですが、「ライバル店と並ぶとお客さんの取り合いになる。目立ちたいから他のページに掲載して欲しい」と言われたこともあります。その時も、「特集のページはその情報を求めている読者が集まります。別のページでたまたま見つけてもらうよりも効果が高いです」と説明して、納得していただきました。その結果、広告効果が上がって喜んでいただいたのです。

私たちは「プロ」なのです。経験とデータがあります。言うべきことはきちんと言い

ましょう。ただし、**「お客様のために言っている」ということをきちんと伝えることが大事です。**

「ウソ」も「好き嫌い」もありなんです！

私は、お客様を傷つけないための「ウソ」はかまわないと思っています。

住宅リフォームの営業をしていた時、専門用語には聞き慣れない言葉や、ややこしいカタカナ言葉が多く、お客様が、言い間違えをすることがしょっちゅうでした。「はめごろし窓（fixed window）」を「しめごろし窓」、「ビルトイン食洗機」を「ルイヴィトン食洗機」などなど。

正直、笑いをこらえるのに必死でしたが、**いちいち訂正するとお客様が気を悪くされてしまいます。**訂正したところで、何がよくなるわけでもありません。むしろ、いい感じで商談が進んでいるのに水を差してしまい、決まるものも決まらなくなっては困ります。こんなことは、日常茶飯事です。聞き流すということが大事です。

もうひとつ。前のお客様との話が長引いて、次の約束のお客様に遅刻する旨を電話する時。**「ほかの商談が長引いたから」とは決して言いません。**そのお客様の立場になってみれば、自分がないがしろにされている感じがすると思うのです。

この場合は、特に理由を言わなくてもいいと私は思っています。言い訳みたいになってしまうのはよくありませんので。どうしても理由が必要なら、「電車が遅れていて」「道路が渋滞していて」と交通のせいにするのが無難です。

お客様からイベントやセミナーに誘われて、もし行きたくないと思ってもそのまま言っては角が立ちます。かといって、行く気もないのに「考えますね」と言って期待させるのも、引き延ばすのもよくありません。「残念ですが、会議と重なっています」などと仕事のせいにするのがスムーズでしょう。勘のいいお客様なら「あまり行きたくないんだな」と察していただける場合もあります。**お客様を傷つけないための「ウソ」は「配慮」なんです。**

もちろん、お客様の周囲の「うわさ話」も、知っていても知らない振りを通します。知っていることを告白されても、「そうだったんですか」と受け流しましょう。

そして大事なこと。

「お客様は神様です」「お客様は絶対」なんてことはありません。私は、買ってくれたからといって、全員をお客様として受け入れる必要はないと考えています。

お客様と営業マンも基本は「個」対「個」の関係です。**「この人は苦手だな」という違和感があったら、無理して営業しないほうが賢明です。「嫌な人だけど、仕事だから我慢して会う」なんてことを繰り返しているとストレスがたまります。**

こちらが嫌だと思っていると、お客様にもそれが伝わるので、相手も同じように嫌に思っているはずです。もし、先方から「担当を代えていただけます？」と会社に連絡が入ることになったら何倍も落ち込みますよね。

「何が何でも売る」と思っていると、好き嫌いは後まわしにして相手に合わせてしまいますが、**もっと自分の直感に素直になりましょう。**私は、契約がとれそうでも「合わないな」と思ったら、そのお客様と相性のよさそうな後輩に担当を代わってもらいました。そう、営業マンだって自然体でいいんです。

「ほんの少し自己中」営業の方程式
「思いやり×準備×タイミング」

「ほんの少し自己中」の意味がわかっていただけたでしょうか。自己中というと自分勝手なイメージですが、私が言う自己中は「結果として、お客様も自分もハッピーになれる」心の持ちようのこと。まとめてみると、このような方程式になります。

「思いやり×準備×タイミング＝お客様も自分もハッピー」

「思いやり」は、ものをどう売るかではなく「目の前のお客様に、どう使ってもらうか」。お客様を見て、お客様の頭の中を想像して、お客様の価値観にあった提案をすること。大事なのは「目の前のお客様」です。売りたいものではなく、「人」ありきで考えるのです。

「準備」は、人と人の関係を築くのに必要です。前述した「根まわし」ですね。ノルマや数字を気にして、機械的に数をこなすのではなく、**一対一の信頼関係を育てていくために、しっかり準備をする**ということ。営業は準備で決まるのです。それが「ストレスフリーでハッピーな営業」につながります。

「タイミング」は**「緩急の間あい」**と言ってもいいかもしれません。終始、ただじっと待っているだけでは話が進まないのも事実です。スピードが必要な時もあります。

お客様とのやりとりで、「ここぞ」というタイミングには自分からリードしましょう。それにはきちんとお客様と向き合うことが必要です。お客様の表情や言葉で、今どんなことを考えているのかを想像し、「契約する気になっている」と思えば、背中を押してあげるのです。

思いやりと準備とタイミング。すべてはお客様のためであり、自分の「ハッピーな営業」のために大切です。**無駄なことは徹底して省き、時間をかけるべきところには時間をかける。**そのメリハリをぜひ身につけてください。

Part 6

リピート、紹介をされる「忘れられない人」になろう

新規客よりも既存客に目を向けてみよう

新規のお客様をとるのは難しいものです。住宅などの高額商品は特に、お客様はたいてい数社から見積もりをとります。比較検討して、家族会議をして、1社に決めるのです。大きな増改築や建て替えの場合、見積もりもプランニングも手間も時間もかかって大変でした。

そして、依頼される1社に選ばれなければ1円にもならないというつらい現実が待っています。実際に、ブランド力や価格面で負けることは多々あります。一所懸命に頑張って、プランを考えて、見積書をつくって、説明をして……、それでも、選ばれない、売れないとなると、「ストレスを感じるな」というほうが無理な話です。

でも、ある時から私はそんなストレスと無縁になりました。ストレスのない営業スタイルを見つけたのです。それは、入社当時に同行させてもらった男性店長のことを思い出したのがきっかけです。

既存客、つまり1回でも買ってもらったことがある方に「リピーターになってもらう」ということです。

どうしたら面倒な苦労、嫌な思いをせずに、無駄なく営業ができるか、その答えが、**「一度でも買っていただいたお客様を大事にする」スタイル**でした。

ストレスがかからない方法を見つけることで、やる気も維持できます。新規のお客様と一から関係をつくっていくのは本当に大変なものです。初めて契約するとなると、先方も慎重になりますが、1回でも買っていただいたお客様ならお互いに知っているところからスタートするから安心です。

住宅リフォームは、リピーターが多いです。リフォームをした後、「次は玄関も」「その次は水まわり」と、次々に工事を依頼されるお客様が結構おられましたので、リピーターになっていただくことはとても重要だったのです。

営業をはじめてまだ日が浅い頃は、いい仕事をしたら、その後こちらから何も働きかけなくても、お客様は勝手にリピートしてくれるものだと思い込んでいました。だから、新規のお客様を獲得することばかりに必死になっていました。

そんな時、一度買っていただいたお客様から仕事の依頼があり、**他社と比較検討されることなく注文をいただいたのです**。その時から、もっともっと既存客に何度も買っていただけるように働きかけてみたらいいのではないかと気づきました。

同じく、一度買っていただいたお客様がその後リピートせず、違う会社で買っていたことが何度かあり、「なぜうちで買ってくれないんだろう？　どこか至らない点があったのだろうか？」と、その度に凹むという経験をしていたので、既存客にもう一度買ってもらえるようになろう！　と決意しました。

究極を言えば、リピーターだけで商売がまわれば理想ですよね。ただ実際は、引越しなどの環境の変化でお客様の数は減っていってしまうので、新規客を集め続けることも必要です。

ただし、リピーターに重きを置いたバランスにするとかなりラクになります。

次の2つのマーケティングの法則が一般的に言われています。

「1：5の法則」→1名を集める販促コストが、新規客は既存客の5倍かかる

「5：25の法則」→顧客離れを5％改善すれば、利益が最低でも25％は上がる

たしかに、当時の私も、もともとの新規集客メインの営業から既存客メインの営業に切り替えたらコストが減り、売上がアップしました。新規集客は、チラシやポスティングや新聞広告など広く告知をするため大きな費用がかかります。

それに対して**既存客は、ダイレクトメール、あるいは訪問など、新規に比べると狭い範囲での告知です。**

しかも、コストだけではなく、手間も時間も、それに伴うストレスもかなりの差があります。**「無駄もストレスも減らして楽しく営業できる」**。新規客よりも既存客を大切にするといいことだらけです。これをやらない手はありませんね。では、具体的にその方法を説明していきましょう。

リピーターを増やすには、接触回数を増やして特別扱い

では、既存客にリピートしてもらうにはどうしたらいいでしょうか。ここで一度、逆

の方向から考えてみましょう。
「どうしてお客様はリピートしないのでしょうか？」

対応が悪かったから、満足しなかったから、ほかにいい店ができたから、友達から違う店を紹介されたから、引越したから、買う必要がなくなったからと、いろいろな理由が想像できます。

一番多い理由は何だと思いますか？　通常なら、「満足しなかったから」だと思いますよね。ところが、実際はそうではないのです。

お客様がリピートしない理由、そのほとんどが**「その店や会社や人の存在を、何となく忘れていた」**からなのです。私もこれを知った時、驚きました。

例えば「お寿司屋さんに行こうかな」と考えた時に、頭の中に候補がいくつか浮かび、どこにしようかなと考えますが、その時に頭に浮かばない店、つまり選択肢に入らない店だとリピートはないのです。

人は、不満があった店にはもちろん行かないし、感動した店はしっかり記憶しています。しかし、それらはどちらも少数のはず。10にひとつずつくらいで、残りの8つは「普通にいい」のです。だけど、忘れていってしまうのです。

では、どうしたら忘れられないのでしょう。それには、**接触回数を増やす**ことです。

恋愛でも、好きな相手を振り向かせたいと思ったら、接触回数を増やせと聞いたことはありませんか？

第一印象が悪くなければ、人は接触すればするほど親しみを感じるものです。一度だけではなかなか覚えてもらえませんが、何度か接触すると名前を覚えてもらえ、少しずつお客様との距離が近くなっていきます。

接触は直接ではなくても、手紙でも葉書でもメールでもいいのです。もちろん、電話でも構いません。とにかく「思い出してもらう」のが目的です。「いつも、○○さんのことを気にしていますよ」という想いを伝えることが大切なのです。

その際、ただ会いに行くだけでもいいのですが、できればお客様に**「特別扱いされている気分」を味わっていただきましょう**。「ほかのお客様にはしていません。あなただけです」というメッセージが伝わるようにするのです。

ここで注意して欲しいのは、「特別扱い」とは値引きではないということです。得をするのはうれしいものですが、もともと値引きしていない価格に納得して買っていただいてるお客様ですから、視点を変えましょう。

では、どんな特別扱いをすればいいのでしょう。例えば、値引きではなくて「イベント」や「おまけ」です。「お得意様限定商品」「お得意様先行発売」「新作お試し会ご招待」「お得意様限定感謝イベント」などです。**ほかにも、お花一輪、メッセージカードひとつをプレゼントしたほうが喜んでいただけます。**とにかく、心を込めて手間ひまかけている特別感が大切なのです。

私が、広告企画営業をしていた時のことです。広告では、「取材」がつきものですが、私は必ず立ちあいました。特にグルメのコーナーに掲載する、飲食店の取材の時は、料理を撮影して、食べて、インタビューしなければなりませんから、長い時は1件に2〜3時間かかることもありました。

実際、文章はライターさんが書くわけですし、営業の私が立ちあうことは義務でもなんでもありませんでした。それでも、私は必ず立ちあいました。取材の最初だけ顔を出すというのではなく、スケジュールをやりくりして、取材の最初から最後まで、すべての話を聴いていました。

広告企画営業では、年間契約をとってしまえば、あとはメールでも用は足りる、取材はライターにやらせるというタイプの営業マンもいます。その時間は新規の営業にあてるほうが正しい考え方かもしれません。勤めていた会社でも、すべての取材に立ちあう営業は私だけでした。でも、わかっていながらも私はそうすることを選んでいました。

お客様も、**「前川さんはどんな時も顔を出してくれるから、安心して任せられるわ」**と喜んでくれました。

私が、なぜそこまでしたかったのか、それはその前の住宅リフォームの営業の時にお客様から聞いたひと言でした。

「前にリフォームをした時、営業マンさんが熱心に通ってくれるから仕事をお願いしたいのに、契約して工事がはじまった途端、1回も来なくなったの。営業マンってただ仕事さえとれたら後はどうでもいいのかしらね」

その悲しそうな表情を見て、私は毎日現場に行くことにしました。私は営業マンとして自分が売ったものを最後まで見届けたい、そう思ったのです。お客様に「仕事をとる時しか来ない」と思われるより、**「とった後のことまで面倒を見てくれる」**と思われるほうがよい――気持ちの問題だけにとどまらず、仕事の面でもそのほうが有利に働きました。「前川さんは最後まで面倒を見てくれるから安心だったわ」と、特別感を感じてくれたお客様は必ずリピートしてくれたのです。

売るのではなく「お客様に役立つ情報を提供」しよう

では、初回の仕事が終了した後にどんなことをすれば、よりお客様にリピートしていただけるのでしょう。

それは**お客様の「役に立つ」**ことです。

お客様が求めていることに一所懸命に応える。お客様が困っている問題を解決に導くように行動し、欲しいと思う情報を提供する、つまりお客様が喜ぶことを提供する。これに尽きます。

営業マンだからといって、すぐに売りに行ってはダメです。お客様が「売ろうとしている」と感じてしまうと、警戒します。「御用聞き」になったつもりで足を運ぶのが効果的です。

「御用聞き」、若い読者の方の中には、馴染みがない方もいるかもしれません。昭和30年代頃までは、酒屋や食料品店などは、よく地元のお得意さん宅に行って、「何か足りないものはありませんか？」と声をかけてまわっていました。するとその家の奥さんが、「そうねぇ。そういえばお醤油があと少しでなくなりそう。ついでにお味噌も一緒にお願い」と注文します。スーパーがまだ進出する前の時代、小規模の小売店はそうやって地元客との関係を築いていたのです。漫画、『サザエさん』に出てくる酒屋・三河屋さんのサブちゃんが、サザエさんの家の勝手口から、「毎度〜」と訪問しているのを見たことがあるでしょう。それが「御用聞き」です。

住宅リフォームの営業として、私がとった方法はまさに「御用聞き」でした。一度リフォームをしていただいたお客様へのアフターフォローをするのです。本音を言うと、新規の飛び込み訪問に苦手意識があり、顔見知りのお客様のほうが行きやすく、気心が知れているので、楽しく時間を使うことができたのも大きかったです。

「100万円以上の工事をしていただいたお客様」に基準を設定し、月に一度訪問します。**「その後いかがですか？　どこか不具合ありませんか？」**というものですが、それだけだと「ないよ」とお客様が言われた時点で会話が終わってしまいます。

だからといって、すぐに新しいチラシを見せて商品の説明をするのは、「売りに来たの？」と思われ、いい雰囲気になるはずもありません。そうなると、次回からインターホンを押しても、迎え入れてくれなくなるかもしれません。

そこで、私はどうしたらお客様が私の訪問を楽しみにしてくれるのだろうかと考えました。そして、お客様が喜びそうな情報を提供することにしました。営業に行くというよりは世間話をしに行くというイメージです。ガーデニングが好きなお客様なら、「○○ホームセンターで変わった花木のフェアをやっていましたよ」とか、グルメなお客様なら「△△ビルにできた新しいイタリアンのお店、ピザがおいしかったですよ」などど。ほかにも、お客様のお誕生日にはお花を届けたり（奥様のお誕生日に限定していました）、毎月木製のカレンダーをお持ちしたりしていました。

ここでのポイントは、**「この営業さんは定期的に来る」**と、訪問が当たり前と思ってもらうこと。**そして「売らない」ことです。**

しょっちゅう顔を見せていると、何か不具合が起きた時、「今度、前川さんが来たら、その時に相談してみましょう」と思ってもらえます。まさに「忘れられない人」です。

小さなことでもきちんと対応し、「直して欲しい」と言われれば、会社から大工さんを手配しました。自分の会社で工事をしていない部分でも、頼まれれば相談に乗りました。お客様の役に立つことを考えて行動すれば、自然と「次の仕事」につながっていったのです。

何か商品を紹介する場合は、「以前、キッチンのリフォームに興味があるとおっしゃっていたので」と、**あくまでお客様が興味を示したものに絞って、新商品のパンフレットをお渡しする**程度にしました。

そこでお客様から詳しく聞いてこられる場合は、具体的な仕事の話へいっきに進む場合もありました。

それでも、まだここで売ろうとしてはダメです。営業マンの「売りたい顔」にお客様は敏感です。とたんに警戒され、それまでの努力が水の泡。あくまで「お役に立ちます」という態度だけをお見せしましょう。

広告企画の法人営業をしていた時も、スタイルは同じ。すでにお客様になっていただいている会社を重点的にまわり、関係を深めていきました。毎月一度はお得意様を訪問し、喜ばれそうな情報を持っていきました。この場合の情報とは、同業他社や他店がどんな販促をして効果があったのか、ニュースで聞いたこと、キャンペーン情報をはじめ、他業界の販促の成功事例など、お客様のお得になりそうな話です。

さらに、お客様のターゲットに、自分がマッチする場合（例えば、私の場合は30～40代の子育て中の女性）、市場代表として「その女性は今、何に興味があるか」といった話をしました。どんなドラマが流行っているかとか、ライフスタイルとか、同年代の友人とよく話題にあがることなどをお伝えして、「リアルな声が参考になるわ。また教えてね」と、しっかりと絆を深めることができました。

お客様に役立つ情報を提供するためには、普段から「これは面白いかも」とアンテナを立てて置くことが大事です「ネタ探し」の方法は前述した128ページの情報収集法を参考にしてください。

「紹介」を堂々とお願いしてみよう

営業にとって「お客様からの紹介」ほど、うれしいものはありません。紹介の場合は、仕事を頼んでいただける確率が高いからです。

そもそもお客様にとって最終的な判断基準は、値段ではなく、どこまで営業マンを、そして会社を信頼できるかというものだと思います。新規のお客様は、当然ながら不安でいっぱいです。

はたしてこの営業マンはちゃんとやってくれるか、細かい注文にも応えてくれるか、いざという時に対応してくれるか、ということを探っています。話に興味があっても、このような不安があると迷ってしまいます。

しかし、紹介の場合は、お客様は営業マンや会社のことをすでに聞いているので、最初から「安心できる」のです。だからお互いに話を進めやすいのです。

では、紹介してもらうにはどうしたらいいでしょうか。ここでは、お客様の知り合いが「○○欲しいなあ」「○○したいな」「どこかいいお店（会社）知らない？」とお客様に聞いた時に、紹介してもらえるよう、名前を思い出してもらうことが肝心です。つまり、「忘れられない人」であることが重要です。基本はリピーターになっていただく場合と同じです。

お客様が求めることを進んでするのです。例えば、住宅リフォームの場合で言えば、私は毎日工事現場に足を運びました。お客様が少しでも不安や疑問を抱いたらすぐに対応できますし、何より現場の士気も高まります。**1ヶ月もの間、毎日通っていると、近所の方ともお知り合いになります。そこから見込み客になる場合もあるのです。**

お客様も、「○○会社ってとても親切なのよ」「担当さんは毎日来てくれるのよ」と話題にしてくれます。

特にマンションや新興住宅地だと、各住宅が、ほぼ同程度の傷み具合で、直したいところも似ています。あるお宅がリフォームしているのを見ると、「うちもやってみようかしら」「やらなくちゃ」と思うようです。

女性は特に紹介や口コミが威力を発揮します。知っている人が「これ、いいわよ」と言うと、一瞬で心が動くものです。

さらにダメ押しが、完成見学会（リフォーム後の家のお披露目会）。1回の完成見学会で多い時は10件の注文が決まったこともあります。**ビフォーアフターを見ると、「うちもやりたい！」という気持ちが募るのです。**実際にリフォームをされたお客様の「〇〇社はいいわよ」というおすすめのひと言が効いたのはいうまでもありません。

このように、紹介ならこちらから営業しなくても早くて確実に仕事がとれます。極端に言えば、値段を見ずに「お願いね」と言ってくださるのです。

既存のお客様との関係を深め、リピートしていただくこと、紹介いただくことに力を入れていきましょう。

お客様に直接、紹介をお願いすることも効果的です。その時は**ストレートに、「紹介してください」というのがコツです。**

というのも、苦い経験があるのです。住宅リフォームの営業をしていた時、お客様に「紹介をお願いします」と言い出しにくくて、キャンペーンを打つことにしました。「お友だちをご紹介してくださったら3万円を差し上げます」という企画を立て、「きっと、お客様も喜んでくれる。これでどんどん紹介していただこう」とチラシをつくりました。そして、お得意様の家を訪問してキャンペーンの説明をしたところ、返ってきたのは意外な答えでした。

「お金が欲しくて紹介するんじゃないわ！　お宅の仕事がいいと思うから紹介するのよ」と怒られて、心がズキンとしました。そのキャンペーンは即座に打ち切り、次から「住宅リフォームに興味をお持ちの方がおられたら、紹介してください」と素直に言うようにしました。

図々しいと感じるかもしれませんが、**人は「紹介して」と言われないと、誰かに紹介しようとは思いつかない**ものなのです。

自分がお客様の立場になって、想像してみてください。美容室などで、会計の時に「お友だちを紹介してください」と言われると、「そうか、紹介しようかな」という気になりませんか。私なんて誰を紹介しようかなとイメージしてしまうほどです。

これも、「紹介して」と言われたから思ったのであって、言われなければいつまでも友だちを紹介する気にはなりません。いや、思いつかないと言ったほうが正しいです。

言葉のパワーってすごいです。ですから、「紹介してください」は堂々と、さらっと言うのがいいです。遠慮せず、うつむかず、ストレートに。まずは気心の知れたお客様からチャレンジしてみてください。

お客様の「ムチャぶり」にも笑顔で応えよう

営業の使命は「お客様が困っていることに、どんな形で役に立てるか」だと思います。本来は話しながらさりげなく探りますが、新人であればストレートに聞いてしまってもいいのではないでしょうか。

「お客様の役に立ちたいです」という想いを伝えましょう。相手も悪い気はしません。「1回くらい頼んでみようかな」という気になってくれるかもしれません。

お客様の役に立つと「ありがとう」と言ってもらえます。感謝されて、必要とされると、自然と売上へつながっていくものです。「お客様の困りごとを解決する、役に立つための営業」という使命感を持つと、数字やノルマに翻弄されたり、無理な営業をしたりということはなくなっていきます。

お付き合いの長いお客様になると、時に「ムチャぶり」がくることがありました。地域情報紙の広告企画営業をしていた時は、「エスニックのおいしい料理が食べれて、しかも商談に使えるお店を知らない？」「アロマの先生で私とコラボできそうな人を教えて」「うちで働いてくれる優秀な人いないかな？」などなど、いろいろなお題をいただきます。なかには「自宅を売りたいんだけど、誰か買ってくれる人いない？」「今度採用するのはどんな人がいいか意見を聞かせて」なんて言われたこともあります。

「仕事に関係ないやん！」と一瞬思っても、私は喜んで受けました。家を買う人を探すなんて専門外で難しいことですが、「あたってみますね」「頭に入れておきます」と、いったんは受け取りました。それは私を信頼してもらっている証だと思うからです。お客様に頼られることが何よりうれしかったのです。

思えば私の仕事はすべてお客様のご要望からはじまっていました。お客様と話しているなかで「広告は出した後、じっと待つしかない。反応がないとどうすることもできないのがつらい」と相談されて、一方通行の販促を何とか双方向にできないものかと考えて、広告＋セミナーをセットにする「セミナー販促」を考え出しました。

今すぐ買いたいお客様ではなくて、長期的な見込み客を集めてリスト化するためのセミナーです。この方法はものすごくヒットし、私の今のコンサルティングにおいても主流商品となっています。「セミナーをやってみたけどそこから売上につなげる方法がわからない」「セミナーの組み立て方を教えて欲しい」とお客様から言われたので「セミナー講師デビュー☆プロジェクト」という、販促のためのセミナー講師を育成する講座を2008年から始めました。

大阪の講座ですが、関東、東海、九州からも通って来られる方もいるほどの人気講座になり、2011年には『セミナー講師育成率NO・1のセミナー女王が教える 売れるセミナー講師になる法』（同文舘出版）として書籍にもそのノウハウをまとめました。

何度もお伝えしている通り、売れる営業の基本は、目の前のお客様を大事にすることです。お客様のために一所懸命になっている姿を見ていただくこと。これがリピートや紹介も含めて「売れる」につながります。

「仕事をとったらおしまい。はい、次」ではありません。商品がお客様の手に渡り、満足いただけたかを自分の目で見届ける。数は少なくてもいいのです。「広く浅く」ではなく、**「狭く深く」お付き合いを続けていくこと**を心がけてください。そんな営業マンはお客様にとって、「忘れられない人」になるのです。

取り替えのきく「営業マン」でなく、**「あなただから買いたい」と指名がくる、お客様に信頼されるパートナーとなる**ことを目指しましょう。

そうすることで「売り手も買い手もハッピー」な共感の関係ができ、「ストレスフリーで売れる営業」があなたにもできるようになります。

エピローグ

「共感」の営業は お客様も自分も主役

自分を大切にしよう

お客様に「ありがとう」と感謝される「共感」の営業。

その**最大のポイントは「人」が主役であるということ**。商品でもサービスでも、会社・店でもありません。ひとりで「共感」は成り立ちません。営業マンである「あなた」と「お客様」が主役です。

だから、「この商品をどう売るのか」という視点ではなく、この商品やサービスを必要としている「人」は誰だろう？　と考え、目の前のお客様には、営業マンである「自分」を全面的に出すということが必要です。

「自分」も主役の「共感」の営業だから、自分に目を向けることが大事。ですから、ここで**「自分を大切にする」と決めてください**。

会社に言われたから、お客様に言われたからと、言われるがまま動いていては、そこに「自分」はまったく存在していません。最終的に会社やお客様に振りまわされて、ストレスフルな仕事になります。

一方的に我慢するのではなく、自分を大切にすること。そのことで、自分の想いや考え方を相手に伝えることができますし、それによってお客様の共感を得ることができます。会社もあなたと考え方を共有して一緒に前に進むことができます。

自分を大切にすることで、お客様と会社、お互いにほどよい距離を保ち、気持ちよくビジネスができるという環境をつくりあげることが大事です。

売れる営業マンは、必ずと言っていいほど自分を大切にしている人が多いです。ただし、最初からではなくて、挫折や失敗から学んで自分を大切にするようになった人も多いのです。

自分を大切にする、とは、**あるがままの自分を受け入れる**ということです。

完璧な人間というのは、この世にはいません。短所をあげたらいくらでも出てきますし、理想も尽きません。もっとお金持ちだったらよかったとか、もっと美人だったらよかったとか、もっと頭がよかったら……、羨むことにはきりがありません。

実は、「こうなりたい」「ああなりたい」という願望には「自分」がありません。そこに「自分」がないのに夢みたいなことばかり言っても、それこそストレスがたまってしまいます。

まずは、**「自分を認める」**ことが大切です。

「自分を認める」ということは、別の言葉で言えば、長所のみならず短所も認めるということ。もちろん、人に迷惑をかけることや、時間を守らないといった短所は直すべきだと思いますが、自分は自分なので大きく変わろうと思わないことが、ストレスフリーの営業をするために必要です。

営業で売れない理由には、その人の短所はあまり関係がありません。営業は手法、やり方なので、性格が明るいから売れるとか、暗いから売れないと、単純に決めつけられるものではないからです。

売れるようになるには、性格よりも「売れる習慣」を身につけることです。例えば、自分は気が弱くて、お客様に商品をすすめられないということであれば、気が弱いなりのやり方や行動習慣を身につけることなのです。

「お客様は神様」ではない

ある時、後輩がお客様に完全に振りまわされて、ストレスフルな営業になっていました。その後輩がアポイントをとったお客様は、中小企業の経営者の方でした。とても忙しい方らしいのですが、アポイントをとっても、訪問するといつも3時間ぐらい待たされるというのです。しかも、待たされるだけでなく、3回も約束をすっぽかされていたのです。

これはあまりにもひどい対応ですし、お客様に「なぜアポイントをキャンセルされるのか」を問うべきでしょう。そして、誠意のない回答だと感じた時には、そのお客様とのお付き合いをあきらめることも考えるべきです。

多くの時間を取られたり、振りまわされたりして、**精神的に不安定にさせられるお客様の場合、こちらから離れるという選択肢もあるのです。**そのことに気づくか、気づかないかでストレスの大きさは大分変わると考えています。

お客様の言う通りにしなければいけないとか、お客様から何を言われてもＮＯと言わないのが営業だと考えているとしたら、そうではありません。

信頼関係ができていないのに、無茶を言うようなお客様とお付き合いする義理はありません。「お客様は神様だから、お客様の言うことは絶対」ということは、私はないと思っています。どちらか一方の我慢の上に「共感」は生まれないからです。

短所と向き合い、長所を伸ばそう

ここで、**自分自身の棚卸し**をしてみましょう。**紙に自分の長所と短所を書き出していきます**。とにかく深く考えずに思いついたことを書くようにしましょう。次に自分が書いた長所と短所を家族や知人に見せて検証してもらいます。

「私の思う自分の長所と短所ってこれなんだ。どう思う?」

すると、家族や知人はあなたの長所や短所について、一所懸命に検証してくれます。

この時に、長所や短所だけでなく、人としての魅力や営業マンとしての強みも教えてもらうといいでしょう。そうすると、自分ではわからなかった長所や短所、魅力や強みというのが出てきます。

人間は「思い込み」を持っています。

自分は短所だと思っていることが、人によっては長所だと思ってくれていたり、長所であると思い込んでいたことが、実は短所であったりもするのです。

そもそも短所と長所は表裏一体。親友に、「あなたは、時々言い方がきついところがある」と短所を指摘されたとしましょう。親友がそう思っているということは、お客様も少なからずそう思っているということなのです。

でも、裏を返せば「はっきりと主張できる」ことかもしれません。その両面から見ることで営業としてどのように強みにできるだろう？　と考えていくことができます。

「強み」をお客様に教えてもらおう

自分の「強み」がわからない場合は、懇意にしているお客様に直接聞いてみるのがおすすめです。

その時、「私の強みは何ですか」と聞くよりも、**「なぜ私から買ってくれたのですか」**と聞いてみてください。数ある会社のなかから、数ある営業マンのなかから、あなたを選んで買ってくれたのには理由があるはずです。

つまり、**買ってくださるきっかけになった「決め手」**を聞くわけですね。

それが、ズバリあなたの「強み」なんです。家族や知人のなかには、あなたのことを思って、いいことばかりを言ってくれることがあります。しかし、それでは「営業マンの強み」としては、ちょっとずれてしまうこともあるのです。ところがお客様は、お金を出して、商品やサービスを購入してくださっているので、ズバリそれが、営業マンであるあなたの「ウリ」や「強み」に直結します。

私も、自分の「強み」を、お客様に教えられて実感したことがあります。広告企画営業に転職した時に、自分の営業マンとしての「強み」を打ち出そうと考えました。自分は住宅業界に10年以上いたので、それを強みにして工務店やリフォーム会社に営業をして成績をあげていました。だから、お客様が私を選んでくれる理由は、私のキャリアだと思っていたのです。ところが、ある時お客様に私の強みについて聞いてみると、まったく予想外の答えが返ってきたのです。

「前川さんって普通の営業マンっぽくないから、油断してしまうんだよね」

驚きでした！　でも、続きを聞くと、「はじめは売り込みしてこないのは何でだろうって、不思議に思って会うことを決めたんだよ。でも話してみたら、じっくり聴いてから本気でうちのことを考えて提案してくれるよね」とほめていただきました。

いかにも営業マンという格好や話し方だと、売り込まれる気がして身構えてしまうとのこと。さらに、自分の会社の立場で提案してくる営業マンが多い中、お客様の立場になって親身になって考えてくれるところがいいと言ってくださいました。

この出来事は、とてもうれしかったことを覚えています。同時に、**自分が考えていた「強み」というのが、いかに的外れであったか**を知らされました。

それからは、「どうせやるならとことんやろう」と自分の「強み」をさらに活かすように、わざと営業マンらしく見えないように、服装や雰囲気を演出するようにしました。

自分の「強み」というのは、自分であれこれ考えていると、なかなか浮かんで来ないものです。だからこそ、お客様に教えてもらったほうが、早いですし、実践的なのです。

選ばれる営業マンになるために名刺で差別化をしよう

売れる営業マンになるには、指名してもらえるようになることが重要です。私は、チラシや名刺に自分のイラストや写真を載せたり、営業用のブログに自分の想いや考えを積極的に掲載してアピールしていきました。特に重要視したのは、自分の仕事に懸ける想いでした。

私が住宅業界に就職してうれしかったことは、お客様の人生で一番大きな買い物である「家」に、リフォームという形でじっくりと関われるということでした。その**喜びをアピールし続けた**のです。

すると、他社と相見積もりをするお客様が減って、**最初から私を気に入ってくれるお客様が集まってくるようになった**のです。また、紹介もどんどん増えました。

他人との差別化を発信するのに、取り組みやすく効果が見込めるのは**名刺**です。一度、真剣に考えて名刺をつくってください。**名刺に自分の顔写真を大きく載せて、自分**

の想いや考えなど、個人の使命感を載せる。これだけでもお客様との会話が弾みます。

自分からはなかなか、この仕事をはじめたきっかけを話すタイミングは難しいと思いますが、名刺であれば読んでいただけます。お客様と会話ができないという人には、特におすすめです。顔写真が入っていない名刺は、お客様の記憶に残りにくいし、裏面が真っ白な名刺はもったいないです。

「メモに使うので」とおっしゃる方がいるのですが、営業につながるメモとしてちゃんと活用できていますか？　もし、時々しか使わない、営業効果がないのであれば、裏面も差別化の発信ツールとして有効に使ってください。名刺を変えただけで、「普通の名刺」を使っている他社よりも選ばれる営業になれます。

ひとりで頑張り過ぎないようにしよう

営業という仕事は、孤独になりがちな仕事ですし、ストレスをため込んでしまう人が多い業種です。それは、営業がほかの仕事と違って、結果が目に見えやすい仕事であり、お客様から直接ダメ出しをされる仕事でもあるからです。

だからこそ、何でも自分のせいにしてしまうのです。そこで、「自分が悪い」「自分はダメだ」「自分には力がない」「自分は営業に向いていない」そう思い詰めてしまう人がとても多いのです。

自分を責めても、頑張りがきくのには限界があります。ストレスを感じる営業から脱出するためには、自分ひとりでやらずに、**周りに助けてもらう、応援してもらう**ことが有効です。応援される人の特徴は、ワクワクして楽しそうな人です。

営業マンであれば、ストレスをためずに、「自分もお客様もうれしい気分になる」「ハッピーな気持ちになる」ことを考えている人です。

逆に、営業という仕事を「売らなくてはいけない仕事」として義務に感じてしまうと、仕事だからやらなくてはいけないという気持ちでお客様に接してしまい、売れないとストレスがたまります。次第に自分が疲れてきて、楽しくなくなってしまうのです。

「売れない→ストレスがたまる→営業がつらくなる→売れない→ストレスがたまる→営業がつらくなる……」

このような無限の悪循環に陥ってしまったら、営業はうまくいきません。**悪循環を打**

開するためには、人に助けてもらいましょう。周りの人に悩みを打ち明けたりして、悩みをいったん自分から出すということが大事だと思います。

同期や後輩に話をするのは、気が引けるというなら、友達や家族でもいいでしょう。仮にアドバイスをもらえなくても、私はいいと思っています。話すことで頭が整理されて、すっきりしますし、自分自身で答えを見つけられるようになるからです。

毎日、自分で自分をほめてあげよう

ストレスフリーな営業を続けるためには、**自分で自分のモチベーションをコントロールすることが必要。**そのためにはぜひ**自分で自分をほめてあげましょう。**

自分をほめるというのは、自己肯定感を高めることにつながります。自己肯定感とは、「自尊感情」とも言い、自分を認め、愛し、大切に思う感情のことです。

この自己肯定感が低過ぎると、自分を大切に思うことができず、我慢したりして、ストレスフルな営業になってしまうのです。

そこで、毎日自分で自分をほめることが効果的です。

メモでも日記でもいいので、今日の自分のよかった点、ほめたい点を、寝る前に書いてみましょう。

ここでやってはいけないのが、寝る前に反省をすることです。「今日はああしておけばよかった」「あの時こうしておけばよかった」という負の感情を抱いたまま寝ると、深い眠りに達することもできませんし、目覚めも悪くなります。

だからこそ、1日の終わりである寝る前は反省するのではなく、頑張った自分をほめるのです。仮に悪いことがあっても、それを耐えた、乗り越えた自分をほめてあげましょう。

ほめる内容は特別なことでなくていいのです。**「今日も笑顔を意識できた」でもいいし、「今日も1日仕事に全力で取り組めた」など、頑張った自分をほめるのです。**

落ち込んだ時や調子が悪い時にも自分で自分をほめる練習をしていると、何かあった時にもモチベーションをアップすることができて、とてもラクなのです。自分でなんとかするということができれば、ストレスフルからストレスフリーな営業へ変わることができます。

「共感」の営業の主役は、お客様と営業マンです。

だから、あなた自身を大切にして、「売り手も買い手もハッピー」な「共感」の営業を、できることから一歩ずつ実現していってくださいね。

おわりに

最後まで読んでいただき、ありがとうございました。

実は本書の出版が決まってから、こうしてカタチになるまでに、1年半かかりました。どう書いたら「営業の楽しさが伝わるだろう」。読者の皆さんに少しでもその楽しさを感じて欲しいという想いが強いあまり、書けなくなってしまうこともありました。未経験でも、飽き性でも、面倒くさがりでも、打たれ弱くても、「共感」の営業なら、あなたのスタイルで営業ができます。それを知って欲しくて、私の失敗から学んだ経験をたくさん書きました。

営業マンの救世主になりたい！　これは、私の勝手な使命ですが、真剣です！

よく「営業の苦手意識が克服できないんです」「断られたら気まずくならないか、怖くて……」とご相談いただきます。その時に私は次のように答えています。

「売らなければいけない」のではなく、「お伝えする」「お知らせする」のです。自分が気に入ったものを話す感覚です。例えば、感動したレストラン、衝動買いしたもの、試したくてやっと体験したサービス、今しか手に入らないものなど、自分が好きなもの、気に入っている店のことは友達や知人に話したくなりますよね。テンションも上がります。商品のどこがいいのか、自分が使ってどうだったかを感情たっぷりに話します。もちろん話す相手を選びますし、相手に合わせて話し方を変えます。その人が話を聞いたあと、買ってくれたらうれしいけれど、買わなくても気になりません。そんな感覚で、売っているものを伝えて欲しいのです。

「売るんじゃなくて伝えるんですね！　それならできそうです！」悩んでいた方の顔が、みるみる明るくなる時、私が最高にうれしいと感じる瞬間です。そんな人をひとりでも増やしたくて、「営業マン10000人応援プロジェクト」を立ち上げました。ご賛同いただける方はぜひご一報ください（http://www.shukaberry.com/webformsol_14.html）。

最後に、ほんの少し自己中な私を、いつも温かく見守って応援してくださる、周りのすべての皆さまに、心より感謝いたします。

2013年3月

前川あゆ

著者略歴

前川あゆ（まえかわ　あゆ）

株式会社 Shuka Berry（シュカ・ベリー）代表取締役、「共感」の営業プロデューサー

大阪府生まれ。大手化粧品の店頭販売、住宅リフォームの営業、法人向け広告企画営業で、売上日本一をはじめ、輝かしい実績を残す。どの業界でもトップセールスだったことから「営業の女王」の異名を持つ。

2009年に起業し、営業、接客、販売促進の専門家として、経営者、起業予定者向けのマンツーマンコンサルティング、コーチングの他、講師として全国の商工会議所、企業、自治体、大学などで講演している。

20年以上の豊富な現場経験を活かして、机上の空論ではなく、聞いた誰もがその日からできる「再現可能な行動」を伝えることで、研修やセミナーを「一過性のイベント」ではなく、「目的を達成するための手段」にして「結果を出す」ことを使命としている。ビジネスコンセプトは「売り手も買い手もハッピー♪」。

著書に『セミナー講師育成率NO.1のセミナー女王が教える　売れるセミナー講師になる法』（同文舘出版）がある。

◆お問合わせ・ご依頼窓口　jimukyoku@c-shuka.com
◆株式会社 Shuka Berry　http://www.shukaberry.com
◆ブランディングコミュニティ「キャリア Shuka」　http://www.c-shuka.com
◆営業マン10000人応援プロジェクト　http://www.shukaberry.com/webformsol_14.html

"ストレスフリー"な営業をしよう！

お客様の満足をとことん引き出す「共感」の営業

平成25年4月12日　初版発行

著　者――前川あゆ
発行者――中島治久
発行所――同文舘出版株式会社
東京都千代田区神田神保町1-41　〒101-0051
営業（03）3294-1801　編集（03）3294-1802
振替 00100-8-42935　http://www.dobunkan.co.jp

ISBN978-4-495-52251-3
印刷／製本：三美印刷
Printed in Japan 2013